HÔTEL DROUOT
Commissaire-Priseur : Mᵉ ANDRÉ DESVOUGES

BIBLIOTHÈQUE
DE
FEU M. LÉON MANCHON
Membre de la Société des Amis des livres
des Cent Bibliophiles, etc.

DEUXIÈME PARTIE
BEAUX-ARTS
LIVRES MODERNES ILLUSTRÉS
LIVRES MODERNES DANS TOUS LES GENRES
BIBLIOGRAPHIE

PARIS
LIBRAIRIE HENRI LECLERC
219, RUE SAINT-HONORÉ, 219
ET 10, RUE D'ALGER

1911

BIBLIOTHÈQUE
DE FEU M. LÉON MANCHON

LA VENTE AURA LIEU

Les Vendredi 27 et Samedi 28 Octobre 1911

A 2 heures précises

HOTEL DES COMMISSAIRES-PRISEURS, 9, RUE DROUOT

Salle N° 10

Par le ministère de M° **ANDRÉ DESVOUGES**, commissaire-priseur

26, rue grange-batelière, 26

Successeur de M° Maurice DELESTRE

Assisté de **M. HENRI LECLERC**, libraire

219, rue saint-honoré, 219

et 16, rue d'alger

CONDITIONS DE LA VENTE

La vente se fait au comptant.

Les acquéreurs paieront 10 pour 100 en sus des enchères.

Les livres vendus devront être collationnés dans les vingt-quatre heures de l'adjudication. Passé ce délai, ils ne seront repris pour aucune cause.

M. Leclerc se réserve la faculté, dans l'intérêt de la vente, de réunir ou de diviser les numéros du catalogue. Il remplira les commissions qu'on voudra bien lui confier.

BIBLIOTHÈQUE

DE

FEU M. LÉON MANCHON

Membre de la Société des Amis des livres,
des Cent Bibliophiles, etc.

DEUXIÈME PARTIE

BEAUX-ARTS
LIVRES MODERNES ILLUSTRÉS
LIVRES MODERNES DANS TOUS LES GENRES
BIBLIOGRAPHIE

PARIS
LIBRAIRIE HENRI LECLERC
219, RUE SAINT-HONORÉ, 219
ET 16, RUE D'ALGER
—
1911

I. — LIVRES ANCIENS

539. BEFFROY DE REIGNY (Louis-Abel). Les petites maisons du Parnasse, ouvrage comico-littéraire, d'un genre nouveau, en vers et en prose, par le Cousin-Jacques... *A Bouillon, de l'Imp. de la Société typographique*, 1783-1784. — THÉVENEAU DE MORANDE. La Gazette noire, par un homme qui n'est pas blanc ; ou œuvres posthumes du gazetier cuirassé. *Imprimé à cent lieues de la Bastille, à trois cent lieues des Présides*... (Londres), 1784. — Ens. 2 vol. in-8, veau marb., dos orné, tr. marb. (*Rel. anc.*).

540. BELLIN LA LIBORDIÈRE (Fr. L. Mar.). Voyage dans le boudoir de Pauline, par L. F. M. B. L. (Fr. L. Mar. Bellin La Libordière). *A Paris, chez Maradan*, an IX-1800, in-12, demi-rel. mar. vert, tête dor., ébarbé (*Belz, succ. de Niédrée*).

    Frontispice par *Latteur*, gravé par *Tardieu*.

541. BÉTHENCOURT. Histoire de la première descouverte et conqueste des Canaries, faite dès l'an 1402, par messire Jean de Béthencourt.. escrite du temps mesme par F. Pierre Bontier, et Jean Le Verrier, prestre, domestiques dudit sieur de Bethencourt, et mise en lumière par M. Galien de Bethencourt... plus un traicté de la navigation et des voyages de descouverte et conqueste modernes, et principalement des françois. *A Paris, chez Jean de Heuqueville*, 1630, 2 parties en 1 vol. pet. in-8, demi-rel. veau fauve, tr. jaunes (*Rel. anc.*).

    Le volume renferme un beau portrait de Jean de Béthencourt, par *Balthasar Moncornet*.
    La seconde partie qui comprend le « *Traicté des navigations* » est l'œuvre de Pierre Bergeron ; elle a une pagination séparée et renferme une curieuse relation de découvertes faites en Amérique.

542. CONFESSION GÉNÉRALE de son altesse sérénissime Mgr. le comte d'Artois, déposée, à son arrivée à Madrid, dans le sein

du T. R. P. Dom Jérôme, grand Inquisiteur, et rendue publique par les ordres de son Altesse, pour donner à la Nation un témoignage authentique de son repentir. *A Bruxelles, et se trouve à Paris, chez le secrétaire des Commandemens de Mgr. l'archevêque de Paris*, le 20 août 1789, 22 pp. — CONFESSIONS GÉNÉRALES des princes du sang royal, auteurs de la cabale aristocratique : item de deux catins distinguées qui ont le plus contribué à cette infernale conspiration... *A Aristocratie, chez Main-Morte...* 1789, 59 pp. — CONFESSION et repentir de Madame de P*** (Polignac) ou la nouvelle Madeleine convertie. *S. l.*, 1789. — LETTRE de Madame de Polignac. *S. l. (Paris), Saint-Marcel, éditeur, s. d.*, 4 pp. remargées. — Ens. 4 plaquettes en 1 vol. in-8, veau fauve, fil., tr. jasp. (*Rel. mod.*)

> Violents pamphlets.
> Exemplaire de Berryer, avec son ex-libris à l'intérieur du volume.

543. CONSTANTIN. Contes nouveaux. Dans un conte parfois la vérité se trouve. *Londres (Paris)*, 1781, in-12, cartonn. papier, tr. rouges.

> Contes en vers, avec texte gravé, et ornés d'une vignette et de 3 culs-de-lampe non signés.
> Les 6 figures libres manquent.

544. DORAT. Fables nouvelles. *A La Haye et se trouve à Paris, chez Delalain*, 1773, in-8, dérelié que l'on a placé dans une reliure en veau marb., fil., dos orné, tr. dor (*Rel. anc.*).

> Tome I seul de la réimpression sans les figures hors texte.

545. HEURES. Manuscrit in-16 carré, de 138 ff., miniatures, basane noire, fil., emblème de la Compagnie de Jésus sur les plats, tr. dor. (*Rel. anc.*).

> Manuscrit sur vélin, de la fin du xv⁰ siècle.
> Il est orné, sur 98 pages, de montants composés de rinceaux de fleurs et fruits, et de nombreuses petites initiales ; le tout peint en or et couleurs.
> En tête des pseaumes pénitentiaux se trouve une petite miniature représentant le roi David. La bordure qui l'entoure est en partie effacée.
> Dans la partie du volume, qui contient des oraisons en l'honneur de saints, on rencontre les noms des SS. Eloy, Ursin, Quentin, Taurinus, Romain.
> Le commencement du livre (le calendrier) manque.
> Un morceau du quatorzième feuillet est arraché, à l'endroit de la bordure peinte. La reliure est fatiguée.

546. HOGARTH. The Works of Mr. Hogarth, moralized. *London, s. d.* (vers 1768), in-8, veau jasp., tr. jasp. (*Rel. anc.*)

> Portrait de W. Hogarth, titre gravé avec petite vignette, 67 figures dans le texte et 9 planches hors texte gravées par *Corbould* et *Dent*.

547. HORATIUS. Emblemata. Imaginibus in aes incisis, notisq5 illustrata, studio Othonis Vaeni. *Antverpiae, ex officina Hieronymi Verdussen, auctoris aere & cura.* 1607, in-4, veau brun, tr. jasp. (*Rel. de l'époque*).

<small>Édition originale, contenant de bonnes épreuves des 103 gravures de *Cornelius Boël* d'après *Othon Vaenius*.
Petites taches.</small>

548. JEU DES MONUMENS DE PARIS. *A Paris, chez Basset, s. d.*, une feuille in-fol.

<small>Curieux jeu donnant 63 vues des principaux monuments de Paris au commencement du xixe siècle, dont plusieurs n'existent plus.</small>

549. KOTZEBUE (Aug. de). Les Bijoux dangereux. *Paris, chez Bertrandet*, 1802, 2 vol. — Meursii (Joannis) elegantiae latini sermonis seu Aloisia Sigea Toletana de arcanis amoris et Veneris. *Lugd. Batavorum, ex typis Elzevirianis*, 1774, 2 vol., titre et frontispice gravés. — Meibomius (J. H.). De la flagellation dans la médecine et dans les plaisirs de l'amour. *A Paris, chez Mercier*, 1800, 1 figure. — Vénus physique. Sixième édition revue et augmentée. *S. l.*, 1751. — Ens. 6 vol. pet. in-12, bas. rouge, veau marb. et demi rel. veau fauve.

550. LÉONARD DE VINCI. Recueil de charges et de têtes de différens caractères, gravées à l'eau-forte d'après les dessins de Léonard de Vinci, précédé d'une lettre de M. Mariette sur ce peintre florentin. Nouvelle édition revue et augmentée par l'auteur. *A Paris, chez Charles-Antoine Jombert*, 1767, in-4, broché.

<small>Frontispice gravé par *Bonnet* d'après *A. Carrache*, et 67 figures imprimées sur 20 planches.</small>

551. LÉPICIÉ. Catalogue raisonné des tableaux du roy, avec un abrégé de la vie des peintres... par M. Lépicié. *A Paris, de l'Imprimerie royale*, 1752-1754, 2 vol. in-4, veau marb., tr. rouges (*Rel. anc.*).

<small>Écoles florentine, romaine, vénitienne et lombarde.</small>

552. LIVRES ILLUSTRÉS DU XVIIIe SIÈCLE: 16 vol. in-8 et in-12, dont 2 brochés, 1 cartonné, 1 dos et coins mar. rouge, les autres rel. veau fauve ou marb. (*Rel. anc.*).

<small>Arnaud (d'). Pauline et Suzette. *A Paris, chez Delalain*, 1777, 2 figures, 2 vignettes et 2 culs-de-lampe, par Marillier. — Bièvre (Mis de). Lettre écrite à madame la comtesse Tation, par le sieur de Bois-Flotté, étudiant en droit-fil... *A Amsterdam*, 1770, 1 figure par Dieukerpegh et 1 vignette non signée. — Bonaventure des Périers. Cymbalum mundi. *Amsterdam*, 1722, 4 figures par B. Picart. — Diderot (Denis). Les Bijoux indiscrets *S. l.*, 1753, 2 tomes en un vol., 1 frontispice, 5 figures et 1 fleuron. —</small>

ERASME. L'Eloge de la folie, trad. par M. Gueudeville. *Amsterdam*, 1731, frontispice par B. Picart, 76 vignettes et 6 planches pliées. — ERASME. Eloge de la folie. S. *l*., 1757, 1 frontispice, 1 fleuron, 13 figures, 1 vignette et 1 cul-de-Lampe par Eisen. — FONTENELLE. Les Amours de Mirtil. *A Constantinople*, 1761, titre par Legrand et 6 figures par Gravelot. — FURETIÈRE. Le Roman bourgeois. *Nancy*, 1712, 5 figures. — GRÉCOURT. OEuvres diverses. *A Luxembourg*, 1761, 4 vol., 1 portrait par Garand, 3 frontispices et 4 fleurons par Eisen, gravés par Baquoy. — LA FARRE. Poésies. *Genève (Cazin)*, 1777, frontispice par Marillier. — SAINT-CHAMOND. Ah ! que c'est bête, par M. Timbré. *Berne (Paris)*, s. d., 1 figure par Marillier. — THOMPSON. Les Saisons. *Paris*, 1759, 1 frontispice, 4 figures et 4 culs-de-lampe par Eisen.

553. MACHIAVEL. Le Mariage de Belfegor, nouvelle italienne (traduit de l'italien par Tanneguy Le Fèvre). *S. l.*, 1664, pet. in-12, demi-rel. veau fauve. — LE ROY (Ant.). Le Momus françois, ou les avantures divertissantes du duc de Roquelaure, suivant les mémoires que l'auteur a trouvés dans le cabinet du maréchal d'H...., par le S. L. R. (Ant. Le Roy). *A Cologne, chez Pierre Marteau*, 1759, pet. in-12, dos et coins mar. grenat, tête dor., ébarbé (*Allo*). — Ens. 2 vol.

Exemplaires NON ROGNÉS.

554. MAROT (Clément). Les OEuvres de Clément Marot, de Cahors en Quercy, vallet de chambre du roy. *A Paris, chez Jean Dorlet*, 1551, in-16 réglé, de 406 ff., vélin blanc, tr. bleues (*Rel. anc.*).

Titre un peu fatigué, petites taches.

555. MIRABEAU. Errotika biblion. Dernière édition. *A Paris, chez Le Jay*, 1792, in-8, broché.

Exemplaire NON ROGNÉ.

556. PINELLI. Raccolta di costumi pittoreschi incisi all'acqua forte da Bartolomeo Pinelli romano. *In Roma*, 1809, in-fol. oblong, broché.

Titre et 50 planches de scènes de mœurs italiennes, gravées à l'eau-forte.

557. PORTEFEUILLE D'UN TALON ROUGE. Contenant des anecdotes galantes et secrettes de la cour de France. *A Paris, de l'Imp. du comte de Paredès*, l'an 178**, in-16, de 42 pp., broché, non rogné.

Ecrit « d'une perfidie noire, car sous couleur de disculper la Reine des imputations dont elle est l'objet, l'auteur énumère toutes les calomnies et médisances mises en œuvre contre elle ». — Tourneux. *Marie-Antoinette devant l'histoire.*

558. RECUEIL D'AMATEURS ET ARTISTES, contenant 200

pièces diverses, composées et gravées à l'eau-forte par différents et peintres et dessinateurs célèbres. Sçavoir etc. etc. *Se vend à Paris chés Basan et Poignant. S. d.* In-fol., vélin, tr. dor.

<blockquote>
Reliure moderne aux armes de France.

Le recueil contient, selon la liste qu'on lit sur le titre 8 gravures par Van-Vliet, 12 par Adrien Van-Ostade, 14 par Bega, 5 par Th. Wyck, C. Schut et Amand, 5 par Dusart, 4 par Wittembrock, 6 par Berghem, 24 par Benedette Castiglione, 6 par Van Laer, 3 par Bol et Ostade, 4 par Robert, 5 par Dassonneville, 12 par Mauperché, Swaneveldt, V. Cabel et Bartolozzi, 10 par Both, 10 par de Boissieu, 8 (sur 10) par Ruysdael et Wagner, 6 par La Grenée, 4 par La Hire, J.-B. Corneille, Poussin, 12 par S. Bourdon et Loir, 10 par Hollar, 12 par Brebiette, 4 par St. Della Bella, 14 d'après Roos.

L'exemplaire comprend un titre gravé et 198 (sur 200) planches de différents formats tirées sur 115 feuilles.
</blockquote>

559. [RESTIF DE LA BRETONNE]. Lettres de lord Austin de N** (Norfolk) à lord Humfrey de Dorset son ami. *A Cambridge, et se trouve à Londres chez Nourse et Snelling*, 1769, 2 vol, in-12, dos et coins mar. La Vall., tête dor., non rogné (*Vailly*).

<blockquote>
Première édition de la « Confidence nécessaire ». Le faux-titre de la 2ᵉ partie manque.
</blockquote>

560. RESTIF DE LA BRETONNE. Le Pornographe, ou idées d'un honnête homme sur un projet de réglement pour les prostituées, propre à prévenir les malheurs qu'occasionne le publicisme des femmes : avec des notes historiques et justificatives. *A Londres, chez Jean Nourse, à La Haie, chez Gosse junior et Pinet*, 1769, 2 parties en 1 vol. in-8, bas. jasp., tr. jaunes (*Rel. anc.*).

<blockquote>
Première édition.
Longue note manuscrite ancienne relative à l'ouvrage, au verso du titre. — Le faux-titre manque.
</blockquote>

561. RESTIF DE LA BRETONNE. Le Pied de Fanchette ou l'orpheline française. Histoire intéressante et morale. *A La Haye et se vend à Francfort, chez J.-G. Eslinger*, 1769, 3 parties en 1 vol. in-12, bas. fauve, tr. jasp. (*Rel. anc.*).

<blockquote>
PREMIÈRE ÉDITION parue sans figures.
</blockquote>

562. RICCOBONI (Mᵐᵉ). Histoire de Miss Jenny, écrite et envoyée par elle à Milady, comtesse de Roscomond, ambassadrice d'Angleterre à la Cour de Danemark. *A Paris, chez Brocas et Humblot*, 1764, 4 tomes en 2 vol. in-12, veau marb., fil. (*Rel. anc.*).

<blockquote>
4 figures par *Gravelot*, gravées par *Lemire* et *Prévost*.
</blockquote>

563. SCHERER (Georg.). Preces ac meditationes piae in myste-

ria pasionis ac resurrectionis D. N. Jesu Christi collectae per Georgium Scherer, Soc. Jesu, figuris aeneis ab Alberto Durero olim artificiose sculptis ornatae. *Coloniae Agrippinae, apud W. Friessem*, 1680, pet. in-12, bas. noire, fil. (Rel. mod.).

Ouvrage recherché pour les 16 figures gravées sur cuivre d'après la *Petite Passion d'Albert Durer*, dont il est orné.

Exemplaire court de marges ; cassures.

II. — BEAUX-ARTS

(PEINTURE, SCULPTURE, GRAVURE, CÉRAMIQUE, ARCHÉOLOGIE, ETC.)

564. ABBEMA (Louise). Croquis contemporains. Pointes sèches de Louise Abbema. Texte par Alfred Le Vasseur et J. Claretie. *Paris, Vve Cadart*, 1880-1881, 2 livraisons, pet. in-fol.

   Un des 25 exemplaires (n° 18) contenant les 10 portraits tirés sur papier du Japon.

565. ADELINE (Jules). Hippolyte Bellangé et son œuvre; avec eaux-fortes et fac-simile. *Paris, A. Quantin*, 1880, in-8, broché.

566. ADELINE (Jules). Les Sculptures grotesques et symboliques (Rouen et ses environs). Préface par Champfleury. Cent vignettes et texte avec double frontispice à l'eau-forte par Jules Adeline. *Rouen, E. Augé*, 1879, in-8, broché.

   Un des 175 exemplaires (n° 44) imprimés sur papier teinté, avec les deux eaux-fortes avec la lettre.

567. ALBERTI (L.-B.). De la statue et de la peinture, traités traduits du latin par Claudius Popelui. *Paris, A. Lévy*, 1869. — CELLINI (B.). Œuvres complètes, traduites par Léopold Leclanché. *Paris, Paulin*, 1847, 2 vol. — MÜNTZ (Eug.). Donatello. Ouvrage orné de 48 gravures. *Paris, Rouam, s. d.* — REINACH (Salomon). Apollo, histoire générale des arts plastiques. *Paris, Hachette et Cie*, 1907. — Ens. 5 vol. in-8 et in-12, dont 1 cartonné, 2 reliés demi-bas. bleue, les 2 autres brochés.

568. ALEXANDRE (Arsène). Honoré Daumier, l'homme et l'œuvre. Ouvrage orné d'un portrait à l'eau-forte, de deux héliogra-

vures et de 47 illustrations. *Paris, H. Laurens*, 1888, in-8, broché (*Couvert. illust.*).

    Un des 12 exemplaires (n° 4) imprimés sur PAPIER DE CHINE.

569. ALEXANDRE (Arsène). Jean-François Raffaelli, peintre, graveur et sculpteur. *Paris, H. Floury*, 1909, pet. in-4, broché.

    Un des 50 exemplaires (n° 34) imprimés sur PAPIER DU JAPON, contenant les planches hors texte en deux états.

570. ANNUAIRE DE LA SOCIÉTÉ DES AMIS DU LOUVRE. 1897-1910. *Paris*, 1897-1910, 10 plaquettes, in-8.

    On y joint : 5 notices sur les donateurs du Louvre : Le marquis de Rivière, M. His de Lasalle, Thomy Thiéry, Charles Sauvageot, le Baron Charles Davillier.

571. ARTISTE (L'). Revue du XIXe siècle, histoire de l'art contemporain ; rédacteur en chef Arsène Houssaye. *Paris, H. Plon*, s. d., gr. in-8, dos et coins mar. grenat, tête dor.

    37e année seule renfermant la biographie de Greuze, ornée de 4 planches hors texte.

572. ARTS EN NORMANDIE (Ouvrages relatifs aux). 7 volumes et plaques in-4 et in-8, brochés.

    ADELINE (Jules). L.-H. Brévière, dessinateur et graveur, rénovateur de la gravure sur bois en France. Eaux-fortes et vignettes par Adeline, Gros, Barrias, etc. *Rouen*, 1876. — LE BRETON (G.). Les Médaillons des mois du musée de Rouen. *Tours*, 1881. — LE BRETON (G.). Attributions données à des tableaux du musée de Rouen. *Paris*, 1888. — SOUCHIÈRES. Les Arts rétrospectifs au palais des consuls, 1884. *Rouen*, 1884. — SOUVENIR de l'exposition de M. Dutuit (extrait de sa collection). *Paris*, 1869, nombreuses reproductions. — STATUTS de la Société normande de gravure. *Rouen*, 1897. — SOCIÉTÉ des artistes rouennais. Catalogue de la 4e expostion. *Rouen*, 1910.

573. AURIOL (George). Le premier Livre des cachets, marques et monogrammes. *Paris, Librairie centrale des Beaux-Arts*, 1901. — Le second Livre des monogrammes, marques, cachets et ex-libris. *Paris, Floury*, 1908. — Ens. 2 vol. pet. in-8, pap. de Holl., brochés.

574. BANCEL (E.-M.). Jehan Perreal, dit Jehan de Paris, peintre et valet de chambre des rois Charles VIII, Louis XII et François Ier. Recherches sur sa vie et son œuvre. *Paris, Launette*, 1885, in-8, broché.

    Ouvrage illustré de nombreuses gravures et d'une lettre de J. Perreal en fac-simile.

575. BASAN (F.). Dictionnaire des graveurs anciens et modernes,

depuis l'origine de la gravure. Seconde édition mise par ordre alphabétique, considérablement augmentée, et ornée de 50 estampes par différens artistes célèbres, *A Paris, chez l'Auteur*, 1789, 2 vol. in-8 dos et coins bas. verte, tr. jaunes (*Rel. anc.*).

576. BEAUX-ARTS EN FRANCE (Ouvrages relatifs aux). 9 vol. in-8 et in-12, brochés.

>BLANC (Ch.). Les beaux-arts à l'exposition universelle de 1878. *Renouard*, 1878. — CHAMPIER (V.). L'année artistique. 1878. *Quantin*, 1878. — DUSSIEUX (L.). Les Artistes français à l'étranger. *Gide et Baudry*, 1856. — FONTAINE (A.). Les Doctrines d'art en France : de Poussin à Diderot. *Laurens*, 1909. — MAUCLAIR (C.). L'Impressionnisme. Son histoire, son esthétique, ses maîtres. *Rouam*, 1904. — MÜNTZ (Eug.). Guide de l'École nationale des beaux-arts. *Quantin*, s. d. — PETROZ (P.). Esquisse d'une histoire de la peinture au musée du Louvre. *Alcan*, 1890. — SILVESTRE (Th.). Les Artistes français, études d'après nature. *Charpentier*, 1878. — VIARDOT (Louis.). Comment faut-il encourager les arts. *Renouard*, 1861.

577. BÉNÉDITE (L.). Félix Buhot. *Paris, Rouam, s. d.* — DACIER (Émile). Alexandre Lunois. *Ibid., id., s. d.* — DAVID (Léon). Les pointes-sèches d'Edgar Chahine. *Paris, Sagot,* 1900. — MARX (Roger). Les pointes-sèches de Rodin. *Paris, Gazette des beaux-arts,* 1902. — MAZEROLLE (F.). L.-O. Roty, biographie et catalogue de son œuvre. *Paris, Serrure,* 2 plaquettes, 1897. — OCCHINI (Ludovico). Edgar Chachine. *Sienna,* 1908. — Ens. 7 plaquettes in-4.

>Chaque plaquette est ornée de reproductions hors texte et dans le texte.

578. BÉRALDI (Henri). Mes Estampes 1872-1884. *Lille, Imp. Danel,* 1884, pet. in-8, broché.

>Catalogue de la collection d'estampes de M. H. Béraldi, tiré seulement à 100 exemplaires.

579. BÉRALDI (Henri). Les Graveurs du XIXe siècle. Guide de l'amateur d'estampes modernes. *Paris, L. Conquet,* 1885-1892, 12 vol. in-8, 38 frontispices, brochés.

>Un des 75 exemplaires imprimés sur PAPIER VERGÉ DE HOLLANDE.

580. BERNARD (Aug.). Geoffroy Tory, peintre et graveur, premier imprimeur royal, réformateur de l'orthographe sous François Ier. *Paris, Aubry,* 1857. — RENOUVIER (Jules). Des gravures sur bois dans les livres d'Anthoine Vérard et de Simon Vostre. *Ibid., id.,* 1859-1862, 2 plaquettes. — RENOUVIER (Jules). Des Portraits d'auteurs dans les livres du XVe siècle. *Ibid., id.,* 1863. — Ens. 4 plaquettes.

581. BIBLIOTHÈQUE DE L'ART ET DE LA CURIOSITÉ (de la). *Paris, A. Quantin*, 1878-1880, 5 vol. in-8, brochés.

>BONNAFFÉ (Ed.). Inventaire de la duchesse de Valentinois, Charlotte d'Albret. — DAVILLIER (Bon Ch.). Notes sur les cuirs de Cordoue, guadamaciles d'Espagne, etc. — VACHON (Marius) Le Palais du conseil d'État en la cour des comptes, la Bibliothèque du Louvre et la collection bibliographique Motteley, le Château de Saint-Cloud, son incendie en 1870, 3 vol.

582. BIGOT (Charles). Raphaël et la Farnésine. Gravures par Tiburce de Mare. *Paris, Gazette des beaux-arts*, 1884, in-4 broché.

>Un des 75 exemplaires (n° 52) imprimés sur GRAND PAPIER WHATMAN.

583. BLANC (Charles). L'Œuvre complet de Rembrandt. Catalogue raisonné de toutes les eaux-fortes du maître, et de ses peintures, orné de bois gravés et de quarante eaux-fortes tirées à part et rapportées dans le texte. *Paris, chez Gide*, 1859-1861, 2 vol. in-8, mar. bleu, tête dor. non rognés.

>Exemplaire imprimé sur GRAND PAPIER contenant toutes les illustrations tirées sur papier de Chine.

584. BLANC (Charles). L'Œuvre de Rembrandt, décrit et commenté par Charles Blanc. Catalogue raisonné de toutes les estampes du maître et de ses peintures, orné de bois gravés, de 40 eaux-fortes de Flameng et de 35 héliogravures d'Amand Durand. *Paris, A. Lévy*, 1873, 2 vol. in-4 brochés.

585. BLANC (Charles). Histoire des peintres de toutes les écoles. *Paris, Renouard*, 1849-1876, 14 vol. in-4, portraits et facsimilé, dos et coins mar. bleu, vert, rouge et La Vall., tête dor., non rognés.

>Exemplaire bien complet.

586. BLANC (Charles). Le Trésor de la Curiosité, tiré des catalogues de ventes de tableaux, dessins, estampes, livres, marbres, bronzes, ivoires, terres cuites, vitraux, médailles, ... avec diverses notes et notices historiques et biographiques, et précédé d'une lettre à l'auteur sur la curiosité et les curieux. *A Paris, chez la Vve Jules Renouard*, 1857-1858, 2 vol. in-8, dos et coins mar. grenat, tête dor., non rognés.

>Un des quelques exemplaires imprimés sur PAPIER DE HOLLANDE.

587. BLANC (Charles). Grammaire des arts du dessin, architecture, sculpture, peinture ..... par Charles Blanc. *Paris, Vve Jules*

Renouard, 1867, gr. in-8, dos et coins mar. rouge, tête dor., non rogné.

<small>Nombreuses illustrations dans le texte.</small>

588. BLANC (Charles). L'OEuvre de Rembrandt. Ouvrage comprenant la reproduction de toutes les estampes du maître, exécutée sous la direction de M. Firmin Delangle. *Paris, A. Quantin,* 1880, 2 vol. in-fol., dont un de planches, cartonn. toile grise de l'éditeur.

<small>L'Album renfermant les 18 planches gr. in-fol. manque.</small>

589. BOCHER (Emmanuel). Les Gravures françaises du xviiie siècle, ou catalogue raisonné des estampes, eaux-fortes, pièces en couleur, au bistre et au lavis, de 1700 à 1800. *A Paris, Librairie des bibliophiles, Rapilly et Morgand et Fatout,* 1875-1882, 6 fascicules in-4, brochés.

<small>Nicolas Lavreince. — Pierre-Antoine Baudouin. — J.-B. Siméon Chardin. — Nicolas Lancret. — Augustin de Saint-Aubin. — Jean-Michel Moreau le Jeune.</small>

590. BONNAFFÉ (Edmond). Les Amateurs de l'ancienne France. Le surintendant Foucquet. *Paris, Rouam,* 1882. — DAVILLIER (Le Baron). Les Origines de la porcelaine en Europe; les fabriques italiennes du xve au xvie siècle, avec une étude spéciale sur les porcelaines des Médicis, d'après des documents inédits. *Ibid., id.,* 1882. — PERKINS (Charles). Ghiberti et son école. *Ibid., id.,* 1886. — Ens. 3 vol. in-4, brochés.

<small>De la *Bibliothèque internationale de l'art*.</small>

591. BONNAFFÉ (Edmond). Causeries sur l'art et la curiosité, Frontispice par Jules Jacquemart. *Paris, A. Quantin,* 1878, in-8, cartonn. toile grise, fers spéciaux, non rogné (*Cartonn. de l'éditeur*).

<small>Un des 50 exemplaires (N° 11) imprimés sur PAPIER DE HOLLANDE, avec le frontispice sur Chine.
On y joint : les 2 ouvrages suivants de Ed. Bonnaffé; Les Collectionneurs de l'ancienne Rome. Notes d'un amateur. *Paris, Aubry,* 1867, in-8, broché. — Les Propos de Valentin. *Paris, Rouam,* 1886, in-12, broché.</small>

592. BOURCARD (Gustave). Félix Buhot, avec un portrait de l'artiste par François Courboin. Catalogue descriptif de son œuvre gravé, avec une préface d'Arsène Alexandre. *Paris, H. Floury,* 1899, gr. in-8, broché.

<small>Tirage à 150 exemplaires sur papier de Hollande.</small>

593. BOURCARD (Gustave). Graveurs et gravures. France et

étranger. Essai de bibliographie. 1540-1910. *Paris, Floury*, 1910, in-8, broché.

Tirage à 300 exemplaires sur papier de Hollande.

594. BOUVENNE (Aglaus.) Notes et souvenirs sur Charles Méryon; son tombeau au cimetière de Charenton Saint-Maurice ; avec un autographe, des dessins inédits, des portraits de Meryon et des gravures de Bracquemond, Bouvenne, Focillon et Gachet. *Paris, Charavay frères*, 1883, pet. in-4, broché.

19 dessins et 6 gravures hors texte.

595. BRACQUEMOND. Etude sur la gravure sur bois et la lithographie. *Paris, imp. pour Henri Béraldi*, 1897, in-8, broché.

Tirage à 138 exemplaires (n° 92) sur papier de Hollande.
Envoi de M. Béraldi à M. Manchon.

596. BRUNET (G.). Étude sur Francisco Goya. Sa vie et ses travaux. Notice biographique et artistique. *Paris, Aubry*, 1865, gr. in-8, dos et coins mar. violet, tête dor., non rogné.

Ouvrage orné de 16 photographies d'après les compositions de *F. Goya*.
On y a joint un portrait gravé de cet artiste.

597. BURTY (Philippe). Chefs-d'œuvre des arts industriels. Céramique, verrerie et vitraux, émaux, métaux, orfèvrerie et bijouterie, tapisserie. Deux cents gravures sur bois. *Paris, Paul Ducrocq*, s. d., gr. in-8, broché.

598. BURTY (Philippe). Eaux-fortes de Jules de Goncourt. Notice et catalogue de Philippe Burty. *Paris, Librairie de l'Art*, 1876, in-fol., en feuilles, dans le cartonn. de publication.

20 eaux-fortes hors texte et 11 figures dans le texte, gravées sur bois.

599. CABINET DE L'AMATEUR (Le) et de l'antiquaire. Revue des tableaux et des estampes anciennes : des objets d'art, d'antiquité et de curiosité. *Paris, au bureau du Journal*, 1842-1846, 4 vol. in-8, cartonn., toile verte, tr. jasp.

Cet exemplaire ne renferme pas la planche du « *Fumeur* » de Meissonier.

600. CARTAULT (A.). Deuxième collection Camille Lecuyer. Terres cuites antiques trouvées en Grèce et en Asie mineure. Texte par Augustin Cartault. *Paris, Armand Colin et Cie*, 1892, in-fol., en feuilles, dans le cartonn. de publication.

85 planches en phototypie.

601. CARTAULT (A.). Terres cuites grecques, photographiées d'après les originaux des collections privées de France et des musées d'Athènes. Texte par A. Cartault. *Paris, Armand Colin et C*^{ie}*, s. d.*, in-4, broché.

> Ouvrage orné de 29 planches en phototypie.

602. CATALOGUE raisonné des différens objets de curiosité dans les sciences et arts qui composoient le cabinet de feu M. Mariette. *A Paris, chez G. Desprez*, 1775, in-8, parchemin vert, fil., tr. rouges (*Rel. anc.*).

> Exemplaire avec les prix d'adjudication et les noms des acquéreurs mis à l'encre.
> Sur les feuillets de garde se trouvent 3 petits croquis à l'encre de Chine et la note suivante à la mine de plomb : *Ce Catalogue appartient à Avanlez, M*^{d} *d'estampes, rue S*^{t}*-Jacques*.

603. CATALOGUES DE MUSÉES : 32 vol. in-8 et in-12, dont 2 reliés et 30 brochés.

> Catalogue des musées de Stockholm (tableaux), du Louvre (ivoires), de Lille (bas-reliefs, statues), du Prado (tableaux), du Vatican (sculptures), de la Pinacothèque royale de Munich (tableaux), du Musée d'Amsterdam (tableaux), des musées royaux de Berlin, du musée Wicar, de Lille (dessins et objets d'art), de la galerie de Florence, etc.

604. CATALOGUES D'EXPOSITIONS : 9 volumes et plaquettes in-8, brochés.

> Les Primitifs français exposés au pavillon de Marsan et à la Bibliothèque nationale, 1904, catalogue illustré. — Catalogue de l'exposition de Marie-Antoinette et son temps, 1894, illustré. — Exposition de portraits peints et dessinés du XIIIe au XVIIe siècle. 1907, illustré. — Exposition rétrospective de la ville de Paris, 1900. — Exposition de portraits anciens et modernes, 1909, illustré. — Exposition de peinture. Cent chefs-d'œuvre des écoles françaises et étrangères, 1892. — Exposition de peinture. Cent chefs-d'œuvre des collections parisiennes, 1883. — Exposition rétrospective de l'art japonais, 1883, illustré, etc.

605. CATALOGUES, la plupart illustrés, d'expositions de peintures, aquarelles, dessins, etc. Réunion de 81 catalogues de divers formats, brochés.

> Catalogues des œuvres de : Manet, D. Vierge. Nicholson, Gustave Doré, Paul Renouard, Whistler, Steinlen, Delamare, Ad. Menzel, Picabia, Eug. Carrière, Corot, Paul Baudry, Chauvel, Louis Legrand, A. Lepère, etc., etc.

606. CAUMONT (de). Abécédaire ou rudiment d'archéologie (Architectures religieuse, civile et militaire). *Caen et Paris*, 1858-1859, 2 vol. in-8, figures sur bois, brochés.

607. CELLINI. La Vie de Benvenuto Cellini écrite par lui-même;

traduction Léopold Leclanché. Notes et index de M. Franco, illustrée de 9 eaux-fortes par F. Laguillermie, et de reproductions des œuvres du maître. *Paris, A. Quantin*, 1881, in-8, broché.

<blockquote>Un des 80 exemplaires (n° 37) imprimés sur PAPIER WHATMAN contenant les eaux-fortes en deux états : avant et avec la lettre.</blockquote>

608. CHAMPFLEURY. Les vignettes romantiques. Histoire de la littérature et de l'art, 1825-1840. 150 vignettes par Célestin Nanteuil, Tony Johannot, Devéria, Jeanron, Ed. May, etc., suivi d'un catalogue complet des romans, drames, poésies, ornés de vignettes, de 1825 à 1840. *Paris, E. Dentu*, 1883, gr. in-8, broché.

<blockquote>Un des 100 exemplaires (n° 44) imprimés sur PAPIER VERGÉ DE HOLLANDE.</blockquote>

609. CHESNEAU (Ernest). Le Statuaire J.-B. Carpeaux, sa vie et son œuvre. *Paris, A. Quantin*, 1880, in-8, broché.

<blockquote>Portrait de Carpeaux, gravé à l'eau-forte par *A. Mongin*, 8 planches hors texte, dont 5 gravées à l'eau-forte par *Gaujean, Boulard fils* et *J. Jacquemart*, et nombreuses figures dans le texte, gravées sur bois.</blockquote>

610. CLÉMENT (Charles). Prud'hon, sa vie, ses œuvres et sa correspondance. Ouvrage orné de 30 gravures, *Paris, Didier et Cie*, 1872, in-8, dos et coins mar. bleu, fil., dos orné, tête dor.

611. CLÉMENT (Charles). Gleyre. Étude biographique et critique, avec le catalogue raisonné de l'œuvre du maître. Ouvrage orné de 30 photogravures. *Paris, Didier et Cie*, 1878, in-8, broché.

612. CLÉMENT (Charles). Géricault. Étude biographique et critique, avec le catalogue raisonné de l'œuvre du maître. Troisième édition augmentée d'un supplément et ornée de 30 planches. *Paris, Didier et Cie*, 1879, in-8, broché.

<blockquote>Un des quelques exemplaires imprimés sur PAPIER DE HOLLANDE.
On y joint : 1° un exemplaire du même ouvrage, édition de 1868 et 2° ETEX (Ant.). Les trois Tombeaux de Géricault, 1837-1884. *Paris, Perrin*, 1885, in-8, br.</blockquote>

613. CLÉMENT DE RIS. Les Amateurs d'autrefois. Huit portraits gravés à l'eau-forte. *Paris, Plon et Cie*, 1877, in-8, broché.

614. CONSTANTIN SOMOFF. *Saint-Pétersbourg*, 1903, petit in-4, broché.

<blockquote>Catalogue de l'œuvre du peintre russe contenant 60 planches hors texte en noir et en couleurs.</blockquote>

615. **CORRESPONDANCE** de François Gérard, peintre d'histoire, avec les artistes et les personnages célèbres de son temps, publiée par M. Henri Gérard, son neveu. *Paris, Lainé,* 1867. — DELABORDE (Vte Henri). Ingres, sa vie, ses travaux, sa doctrine d'après les notes manuscrites et les lettres du maître. *Paris, Plon,* 1870. — DELESTRE (J.-D.) Gros, sa vie et ses ouvrages. 55 gravures, dont 44 fac-simile de dessins du maître. *Paris, Vve Renouard,* 1867. — MERSON (Olivier). Ingres, sa vie et ses œuvres, *Paris, Hetzel, s. d.* — Ens. 4 vol. dont 3 in-8 et 1 vol. in-16, brochés.

616. **CORROYER** (Edouard). Description de l'Abbaye du Mont Saint-Michel et de ses abords, précédée d'une notice historique. *Paris, Dumoulin,* 1878, in-8, broché.

>Ouvrage imprimé sur papier de Hollande, orné d'un plan et de nombreuses figures dans le texte gravées sur bois.
>On y joint : FRÈRE (H.) ANCELOT, sa vie et ses œuvres. *Rouen,* 1862. — LE COINTE (L'abbé). Conspiration des barons normands contre Guillaume-le-batard, duc de Normandie. *Caen,* 1868. — Ens. 2 plaquettes in-8.

617. **CUIVRES DE COCHIN** destinés à l'histoire de Louis XV par médailles (Tailles-douces, provenant de l'ancienne Imprimerie royale). *Paris, Imp. nationale,* 1889, in-fol., broché.

>Texte dans un encadrement imprimé au recto seulement, et 9 estampes d'après *Cochin.*

618. **DAVID D'ANGERS** et ses relations littéraires. Correspondance du maître avec Victor Hugo, Lamartine, de Vigny, Lamennais, Balzac, etc., publiée par Henry Jouin. *Paris, Plon, Nourrit et Cie,* 1890. — LETTRES de P.-J. David d'Angers, à son ami le peintre Louis Dupré, publiées avec préface et notes par son fils Robert David d'Angers. *Paris, Charavay,* 1891. — Ens. 2 vol. in-8, brochés.

619. **DAVILLIER** (Baron). Fortuny, sa vie, son œuvre, sa correspondance ; avec cinq dessins inédits en fac-simile et deux eaux-fortes originales. *A Paris, chez Aug. Aubry,* 1875, in-8, broché.

>Tirage à petit nombre.
>On y joint : ATELIER FORTUNY. Œuvre posthume : objets d'art et de curiosité, armes, faïences hispano-mauresques, étoffes et broderies, bronzes orientaux, coffrets d'ivoires, etc. Notices par Ed. de Beaumont, baron Davillier, A. Dupont-Auberville. *Paris, imp. de Claye,* 1875, in-8, broché (avec les prix d'adjudication au crayon).

620. **DECAMPS** (A.). Le Musée. Revue du Salon de 1834 par

Alexandre D... (Decamps). *Paris, Abel Ledoux*, 1834, in-4, front et fig., demi bas. fauve, dos orné, non rogné.

<small>Ouvrage orné d'un frontispice et de 25 gravures à l'eau-forte par C. *Nanteuil, Delacroix, Johannot, Gigoux, Marilhat*, etc., etc.
Une des planches gravée par Nanteuil : *les femmes d'Alger* d'après Delacroix, est sur Chine.</small>

621. DELABORDE (Vte Henri). La gravure en Italie avant Marc-Antoine, 1452-1505. *Paris et London, J. Rouam, s. d.*, in-4, broché.

<small>Un des 25 exemplaires (n° 1) imprimés sur PAPIER DE HOLLANDE.</small>

622. DELABORDE (Vte Henri). Marc-Antoine Raimondi. Etude historique et critique suivie d'un catalogue raisonné des œuvres du maître. Ouvrage accompagné de nombreuses illustrations. *Paris, Librairie de l'Art, s. d.*, in-4, broché.

<small>Un des 25 exemplaires (n° 2) imprimés sur PAPIER DE HOLLANDE.</small>

623. DELACROIX (Eugène). Lettres (1815 à 1863), recueillies et publiées par M. Philippe Burty, avec fac-simile de lettres et de palettes. *Paris, A. Quantin*, 1878, in-8, cartonn. toile grise, fers spéciaux, non rogné (*Cartonn. de l'éditeur*).

624. DELACROIX (Eugène). Journal 1823-1854. Notes et éclaircissements par MM. Paul Flat et René Piot. *Paris, Plon, Nourrit et Cie*, 1893, 2 vol. in-8, brochés.

<small>On y joint: LA MADELÈNE (H. de). Eugène Delacroix à l'exposition du boulevard des Italiens. *Paris*, 1864, plaquette gr. in-8.</small>

625. DELTEIL (Loys). Manuel de l'amateur d'estampes du XVIIIe siècle. Orné de 106 reproductions hors texte. *Paris, Dorbon aîné, s. d.*, in-8, cartonnage de l'éditeur.

626. DELTEIL (Loys). Le Peintre-graveur illustré (XIXe et XXe siècles). *Paris*, 1906-1910, 6. vol. in-4, brochés.

<small>Les tomes V et VI sont imprimés sur PAPIER DU JAPON.</small>

627. DEMOLDER (Eugène). Félicien Rops. Etude patronymique, avec quelques reproductions brutales de devises inédites de Rops. *Paris, René Pincebourde*, 1894, gr. in-8, broché.

<small>Un des 50 exemplaires (n° 18) imprimés sur PAPIER DU JAPON.
Les 10 « Devises » de F. Rops sont tirées sur papier de Chine.</small>

628. DESCAMPS (J.-B.). La Vie des peintres flamands, allemands et hollandois, avec des portraits gravés en taille-douce, une indication de leurs principaux ouvrages, et des réflexions sur leurs différentes manières. *A Paris, chez Ch.-Ant. Jombert*, 1753-

1764, 5 vol. in-8, dos et coins mar. brun, jans., tr. rouges (*Rel. mod.*).

    1 frontispice par *Descamps*, gravé par *Le Bas*, 2 vignettes de dédicace et 168 portraits par *Descamps*, *Eisen* et *Campion*, gravés par *Ficquet*, *Gaillard*, *Legrand*, *Basan* et autres.
    Le cinquième volume renferme le *Voyage pittoresque de la Flandre et du Brabant*.

629. DIDOT (Amb. Firmin). Essai typographique et bibliographique sur l'histoire de la gravure sur bois. *Paris*, 1863. — DUPLESSIS (Georges). Les Emblèmes d'Alciat. *Paris, J. Rouam*, 1884 (papier de Hollande). — DUPLESSIS (Georges). Notice sur la vie et les travaux de Gérard Audran. *Lyon, Scheuring*, 1858. — Ens. 3 vol. in-8, dont 2 brochés et 1 demi-rel. cuir de Russie.

630. DUMESNIL (Henri). Aimé Millet, avec un portrait d'après L. Bonnat. *Paris, Lemerre*, 1891 (papier de Hollande). — FRÉMINE (Ch.). Au pays de J.-F. Millet, Gruchy-Barbizon, 1814-1875. Avec dessins de l'auteur. *Ibid., id., s. d.* — PIÉDAGNEL (A.). J.-F. Millet. Souvenirs de Barbizon ; avec un portrait et 9 eaux-fortes par Ch. Beauverie, Ad. Lalauze, F. Rops, etc. *Paris, Vve Cadart*, 1876. — Ens. 3 vol. in-8, brochés.

631. DUPLESSIS (Georges). Histoire de la gravure en Italie, en Espagne, en Allemagne, dans les Pays-Bas, en Angleterre et en France ; contenant 73 reproductions de gravures anciennes. *Paris, Hachette et Cie*, 1880, gr. in-8, broché.

632. DURER (Albert). Œuvre d'Albert Durer, reproduit et publié par Amand-Durand. Texte par Georges Duplessis. *Paris, Amand-Durand, Goupil et Cie, s. d.*, in-fol., en feuilles, dans le cartonn. de publication.

    20 pp. de texte explicatif et 108 reproductions, montées sur papier fort, des planches gravées par Albert Durer.

633. DURER (Albert). Randzeichnungen aus dem Gebetbuche Maximilians I. *S. l. n. d. (München)*, in-4, en feuilles, dans le cartonn. de publication.

    Portrait de A. Durer et 45 planches, reproduisant les pages d'un manuscrit orné d'encadrements dessinés par Albert Durer.

634. DURET (Théodore). Histoire de J. M^c. N. Whistler et de son œuvre. *Paris, H. Floury*, 1904, pet. in-4, broché.

    Un des 50 exemplaires (n° 4) imprimés sur PAPIER DU JAPON ; contenant les planches hors texte en deux états.

635. DURET (Théodore). Histoire des peintres impressionnistes.

Pissarro, Claude Monet, Sisley, Renoir, Berthe Morisot, Cézanne, Guillaumin. *Paris, H. Floury*, 1906, pet. in-4, broché.

<blockquote>Un des 100 exemplaires (n° 46) imprimés sur PAPIER DU JAPON contenant deux suites des figures hors texte.</blockquote>

636. EPHRUSSI (Charles). Étude sur le triptyque d'Albert Durer dit le tableau d'autel de Heller, avec 25 gravures tirées hors texte. *Paris, Imp. de D. Jouaust*, 1876, in-4, dos et coins mar. citron, tête dor., non rogné (*R. Petit*).

<blockquote>Tirage à 400 exemplaires sur papier vergé de Hollande.</blockquote>

637. EPHRUSSI (Charles). Notes biographiques sur Jacopo de Barbarj, dit le Maître au caducée, peintre graveur vénitien de la fin du xve siècle ; avec 7 gravures tirées hors texte. *Paris, Imp. de D. Jouaust*, 1876, in-4, dos et coins mar. rouge, tête dor., non rogné (*R. Petit*).

<blockquote>Tirage à 400 exemplaires sur papier vergé de Hollande.</blockquote>

638. EPHRUSSI (Charles). Les Bains de femmes d'Albert Durer, avec cinq gravures hors texte. *Paris, Librairie des bibliophiles*, 1881, in-4, broché.

<blockquote>Tirage à 250 exemplaires sur papier de Hollande.</blockquote>

639. EPHRUSSI (Charles). Paul Baudry. Sa vie et son œuvre. *Paris, Baschet*, 1887, gr. in-8, broché.

<blockquote>Ouvrage orné d'un portrait, de 10 planches hors texte en photogravure et de figures gravées sur bois.</blockquote>

640. EXPOSITION de la gravure sur bois à l'École nationale des Beaux-Arts. Mai 1902. Catalogue avec notices historiques et critiques par MM. Henri Bouchot, G. Claudin, J. Masson, H. Béraldi et S. Bing. *Paris, Librairie de l'art ancien et moderne, s. d.*, in-4, broché.

<blockquote>Un des 100 exemplaires (n° 6) de luxe ; contenant les illustrations hors texte en trois états : sur vélin, sur Chine et sur Japon.</blockquote>

641. EXPOSITION Eugène Carrière. *Paris, Galerie Bernheim jeune et fils*, 1903, in-4, broché (*Couvert. illust.*).

<blockquote>Un des 100 exemplaires imprimés sur PAPIER DU JAPON auquel on a joint 6 photographies au charbon de peintures de Carrière.</blockquote>

642. FAIENCE ET A LA PORCELAINE (Brochures relatives à la) : 10 plaquettes in-8.

<blockquote>CATALOGUE de la collection céramique de M. Aug. Demmin. *Paris, Renouard*, 1866. — DAVILLIER (J.-C.). Histoire des faiences et porcelaines de Moustiers, Marseille, et autres fabriques méridionales. *Paris,*</blockquote>

1863. — HAILLET DE COURONNE. Documents sur les fabriques de faïence de Rouen. *Valognes*, 1865. — LAUGARDIÈRE (Ch. de). Lettre à M. Alfred Darcel sur le lieu de fabrication des carreaux du château de Thouars. *Paris*, 1865. — LEJEAL (Dr A.). Note sur une marque de faïence contestée. *Valenciennes*, 1865. — PINCHART (Alex.). Preuves authentiques de l'existence de la fabrique de porcelaine établie au château de Tervueren. *Bruxelles*, 1864. — TARBOURIECH (Amédée). Documents sur quelques faïenceries du Sud-Ouest de la France. *Paris, Aubry*, 1864. — TAINTURIER. Notice sur les faïences du xvie siècle, dites de Henri II. *Paris*, 1860. — THIAUCOURT (P.). Essai sur l'art de restaurer les faïences, porcelaines, terres cuites. etc. *Paris*, 1865. — WARMONT (Dr Aug.). Notice sur les faïences anciennes de Sinceny. *Paris*, 1863.

643. FAURE (Élie). Les Maîtres de l'art moderne. Eugène Carrière, peintre et lithographe. *Paris, H. Floury*, 1908, pet. in-4, broché (*Couvert. illust.*).

> Un des 50 exemplaires (n° 21) imprimés sur PAPIER DU JAPON ; contenant les planches hors texte en deux états : sur PAPIER DU JAPON et sur papier vélin teinté.

644. FENAILLE (Maurice). L'Œuvre gravé de P.-L. Debucourt (1755-1832). Accompagné d'une préface et de notes de Maurice Vaucaire. Avec des gravures sur bois de A. Leveillé. *Paris, Damascène Morgand*, 1899, gr. in-8, broché.

> Tiré à 315 exemplaires.

645. GAULT DE SAINT-GERMAIN. Guide des amateurs de tableaux, pour les écoles allemande, flamande et hollandoise. *A Paris, chez Ant.-Aug. Renouard*, 1818, 2 vol. in-12, cartonnés, non rognés.

646. GAZETTE DES BEAUX-ARTS, courrier européen de l'art et de la curiosité : de l'origine 1859 à mars 1911 inclus. *Paris*, 1859-1911, 112 vol. gr. in-8, y compris les 4 vol. de table, dont 67 demi-rel. mar. La Vall., tr. jasp., les autres en livraisons.

> On y joint : 1° Annuaire publié par la Gazette des Beaux-Arts pour l'année 1869, gr. in-8, broché ; 2° Chronique des Arts et de la curiosité : de 1902 à 1910 inclus, moins les n°s 19 et 42 de 1902, 22 et 27 de 1903, 25 à 40 de 1905, 29, 30, 39, de 1906, 1 à 3, 11 à 21, 23, 25 de 1907, 19, 22, 37 de 1910.

647. GEFFROY (Gustave). L'Œuvre de E. Carrière. Texte de Gustave Geffroy. *Paris, Piazza et Cie*, s. d., in-fol., en feuilles, dans le carton de publication.

> 75 reproductions hors texte en photogravure.
> On y a joint 8 photographies au charbon d'œuvres de Carrière et un catalogue d'une exposition de tableaux, esquisses et dessins par Eug. Carrière, 1891, in-8.

648. GEFFROY (Gustave). La Vie artistique. *Paris, Dentu,* 1892-1894, 3 vol. in-12, papier de Hollande, brochés.

> Chaque volume est orné d'une pointe-sèche par *Eug. Carrière, A. Rodin* et *Aug. Renoir.*

649. GEFFROY (Gustave). Constantin Guys, l'historien du second empire. Gravures sur bois de Tony et Jacques Beltrand, d'après les aquarelles et dessins de l'artiste, publié par les soins de Paul Gallimard. *Paris,* 1904, in-4, broché.

> On y a joint le catalogue de l'Exposition des Œuvres de Constantin Guys. Préface par Armand Dayot.

650. GERSPACH. Les Tapisseries coptes. *Paris, Quantin, s. d.,* in-4, cartonn. de l'éditeur.

> 153 reproductions de tapisseries.
> On y joint la *Reproduction complète de la tapisserie-broderie de la reine Mathilde* (xie *siècle*), *retraçant toute la conquête d'Angleterre par Guillaume-le-Conquérant, 1066.* Bayeux, Tostain, album de 16 planches en couleurs, in-4, oblong.

651. GIACOMELLI (H.). Raffet. Son Œuvre lithographique et ses eaux-fortes, suivi de la bibliographie complète des ouvrages illustrés de vignettes d'après les dessins de H. Giacomelli. Orné d'eaux-fortes inédites par Raffet et de son portrait par M. J. Bracquemond. *Paris, Gazette des Beaux-Arts,* 1862, in-8, broché.

> Un des 20 exemplaires imprimés sur PAPIER DE HOLLANDE, grandes marges.
> On y joint : Bry (Aug.). Raffet. Sa vie et ses œuvres. *Paris, Dentu,* 1861. — Béraldi (Henri). Raffet, peintre d'histoire. *Paris, Librairie illustrée, s. d.,* gr. in-4. — Ens. 2 vol. brochés.

652. GONCOURT (Edm. et J. de). Gavarni. L'homme et l'œuvre. Ouvrage enrichi du portrait de Gavarni gravé à l'eau-forte par Flameng et d'un fac-simile d'autographe. *Paris, H. Plon,* 1873, in-8, broché.

> On y joint : Duplessis (Georges). Gavarni, étude ornée de 14 dessins inédits. *Paris, Rapilly,* 1876, in-8, cartonn. dos et coins toile bleue, non rogné.

653. GONSE (Louis). Eugène Fromentin, peintre et écrivain. Ouvrage augmenté d'un voyage en Egypte et d'autres notes et morceaux inédits de Fromentin et illustré de gravures hors texte et dans le texte. *Paris, A. Quantin,* 1881, gr. in-8, broché.

> Un des 100 exemplaires (n° 32) imprimés sur PAPIER DE HOLLANDE, contenant les eaux-fortes et les planches en héliogravure en deux états : avant et avec la lettre.

654. GOYA. Les Desssins de D. Francisco Goya y Lucientes au Musée du Prado, à Madrid. Préface et texte explicatif de Pierre d'Achiardi. *Rome, D. Anderson*, 1908, 3 livraisons gr. in-4., en feuilles, dans les cartonn. de l'éditeur.

> 199 reproductions en bistre et en noir. Le texte et les planches sont tirés sur papier fort de Hollande.

655. GOYA. 50 planches d'après ses œuvres les plus célèbres. Introduction par Paul Lafond. *Paris, Manzi, Joyant et Cie*, 1910, in-fol., en livraisons, dans le cartonnage de publication.

> Tirage à 500 exemplaires (n° 173) sur papier du Japon.

656. GRAVEURS ET GRAVURE. 5 vol. et plaquettes in-4 et in-8, brochés.

> FLANDREYSY (J. de). La Gravure. Les graveurs dauphinois. *Grenoble*, 1901, nombreuses reproductions. — HADEN (F. Seymour). L'œuvre gravé de Rembrandt. *Paris*, 1880. — HENRIET (Frédéric). C. Daubigny et son œuvre gravé. *Paris, A. Lévy*, 1875. — MURR (C.-G. de). Notice sur les estampes gravées par Marc-Antoine Raimondi, d'après les dessins de Jules Romain. *Bruxelles*, 1865. — PORTALIS (Bon Roger) et DRAIBEL [Béraldi] (Henri). Charles-Etienne Gaucher, graveur. Notice et catalogue. *Paris, D. Morgand*, 1879.

657. GRAVURE A L'EAU-FORTE (Plaquettes relatives à la). 3 plaquettes in-8, brochées.

> DELATRE (Aug.). Eau-forte, pointe sèche et vernis mou. Gravures inédites par F. Rops, II. Somm, A. Point et Delatre. *Paris, Lanier*, 1887. — LALANNE (Max.). Traité de la gravure à l'eau-forte. Texte et planches. *Paris, Cadart et Luquet*, 1866 (papier vergé). — NICOLLE (E). Dissertation élémentaire sur la gravure à l'eau-forte et les états de planches, avec un croquis à deux épreuves de tirages différents. *Rouen, Augé*, 1885.

658. GRUYER (Gustave). Les Illustrations des écrits de Jérôme Savonarole, publiés en Italie au xve et xvie siècle et les paroles de Savonarole sur l'art. Ouvrage accompagné de 33 gravures exécutées d'après les bois originaux par A. Pilinski et fils. *Paris, Firmin-Didot*, 1879, pet. in-4, broché.

> Ouvrage tiré à 300 exemplaires.

659. GRUYER (F.-A.). Chantilly. Les quarante Fouquet. Ouvrage illustré de 40 héliogravures par Braun, Clément et Cie. *Paris, Plon, Nourrit et Cie*, 1897, pet. in-4, broché.

> Ouvrage recherché, tiré seulement à 150 exemplaires sur papier de cuve du Marais.

660. GRUYER (F.-A.). La Peinture au château de Chantilly.

Ecole française. *Paris, Plon, Nourrit et Cie*, 1898, pet. in-4, broché.

<small>Ouvrage illustré de 40 héliogravures par Braun, Clément et Cie.</small>

661. GUÉRIN (Marcel). J.-L. Forain, lithographe. Catalogue raisonné de l'œuvre lithographié de l'artiste. *Paris, H. Floury*, 1910, pet. in-4, broché (*Couvert. illust.*).

<small>Ouvrage tiré à 125 exemplaires (n° 83), dont 100 seulement mis dans le commerce. 89 planches hors texte.</small>

662. GUIFFREY (Jean) et MARCEL (Pierre). Inventaire général des dessins du musée de Versailles, Ecole française. *Paris, Librairie centrale d'art et d'architecture*, 1907-1909, 4 vol. in-4, brochés.

<small>Ouvrage orné de 2327 illustrations en phototypie.</small>

663. GUIFFREY (Jules). Les Caffiéri sculpteurs et fondeurs-ciseleurs. Etude sur la statuaire et sur l'art du bronze en France au xviie et au xviiie siècle ; avec sept gravures à l'eau-forte par Maurice Leloir et plusieurs fac-simile d'autographes. *Paris, D. Morgand et Ch. Fatout*, 1877, in-8, papier de Hollande, broché.

664. HAVARD (Henry). Histoire de la faïence de Delft. Ouvrage enrichi de vingt-cinq planches hors texte et de plus de quatre cents dessins, fac-simile, chiffres, etc., dans le texte par Léopold Flameng et C. Goutzwiller. *Paris, Plon*, 1878, gr. in-8, dos et et coins mar. rouge, tête dor., non rogné.

665. HAVARD (Henry). L'art et les artistes hollandais. *Paris, A. Quantin*, 1879-1881, 4 vol. in-8, brochés.

<small>Un des 50 exemplaires (n° 10) imprimés sur PAPIER DE HOLLANDE, contenant les planches hors texte en deux états : AVANT la lettre sur Japon, et avec la lettre sur Hollande.</small>

666. HENRIET (Frédéric). Les Eaux-fortes de Léon Lhermitte. *Paris, A. Lemerre*, 1905, in-4, broché.

<small>Un des 20 exemplaires (n° 15) imprimés sur PAPIER DU JAPON.</small>

667. HEUZEY (Léon). Les figurines antiques de terre cuite du musée du Louvre, gravées par Achille Jacquet. *Paris, Vve A. Morel et Cie*, 1883, in-fol., en feuilles, dans un carton.

<small>30 pp. de texte explicatif et 60 planches gravées en taille-douce.</small>

668. HOUSSAYE (Arsène). Histoire de l'art français au dix-huitième siècle. Coustou, Bouchardon, Houdon, Pigalle, Clodion,

Rigaud, Watteau, Lancret, etc. etc. *Paris, Henri Plon,* 1860, in-8, dos et coins mar. citron, tête dor., non rogné.

    Frontispice de *Ch. Geoffroy* tiré sur papier DE CHINE.

669. IDEVILLE (Comte H. d'). Gustave Courbet. Notes et documents sur sa vie et son œuvre, avec huit eaux-fortes par A.-P. Martial et un dessin par Edouard Manet. *Paris, se vend à Paris-gravé,* 1878, in-8 carré, broché.

    Exemplaire imprimé sur papier teinté de Poitiers contenant des eaux-fortes tirées sur Chine.

670. INGRES. Œuvres de J.-A. Ingres, membre de l'institut, gravées au trait sur acier par A^{le} Réveil. 1800-1851. *Paris, Firmin Didot frères,* 1851, in-4, demi-rel. toile grenat, tr. jasp.

    102 planches gravées au trait sur acier et tirées en bistre.

671. ITALIA ARTISTICA. *Bergamo, Istituto italiano d'arti grafiche,* 1903-1907, 6 vol. in-8, cartonn. (*Rel. des éditeurs*).

    LORENZO (G. de). L'Etna, 1907. — MANCERI (E.). Taormina, 1907. — PANTINI (R.) San Gimignano e Certaldo, 1904. — Rocco (S.). Girgenti, 1903. — SOLITRO (Giuseppe). Il Lago di Garda, 1904. — SUPINO (J.-B.). Pisa, 1905.

672. JACQUEMART (Albert). Histoire de la céramique, étude descriptive et raisonnée des poteries de tous les temps et de tous les peuples. Ouvrage contenant 200 figures sur bois par H. Catenacci et J. Jacquemart, 12 planches gravées à l'eau-forte par J. Jacquemart. *Paris, Hachette et Cie,* 1873, gr. in-8, broché.

673. JACQUEMART (Albert). Histoire du mobilier ... avec une notice sur l'auteur par H. Barbet de Jouy. *Paris, Hachette et Cie,* 1876, in-8, cartonn., fers spéciaux (*Rel. des éditeurs*).

    Nombreuses illustrations dans le texte et hors texte.

674. JACQUEMART (Albert) et LE BLANT (Edmond). Histoire artistique, industrielle et commerciale de la porcelaine, accompagnée de recherches sur les sujets et emblèmes qui la décorent, les marques et inscriptions qui font reconnaître les fabriques d'où elle sort, les variations de prix qu'ont obtenus les principaux objets connus et les collections où ils sont conservés aujourd'hui ; enrichie de 26 planches gravées à l'eau-forte par Jules Jacquemart. *Paris, J. Techener,* 1862, 1 tome en 3 parties pet. in-fol., brochées.

675. JOUIN (Henry). Ancien hôtel de Rohan, affecté à l'Imprimerie

nationale. Historique et description. *Paris, Imp. nationale*, 1889, in-fol., broché.

<small>Texte dans un encadrement imprimé au recto seulement.
Orné de 35 planches hors texte.</small>

676. JULLIEN (A.). Fantin Latour, sa vie et ses amitiés. Lettres inédites et souvenirs personnels avec cinquante-trois reproductions d'œuvres du maître, tirées à part, six autographes et vingt-deux illustrations dans le texte. *Paris, Lucien Laveur*, 1909, in-8, broché.

<small>On y joint : Bénédite (Léonce). Fantin-Latour. Paris, Rouam, 1903, in-4, reproductions hors texte et dans le texte, broché.</small>

677. LA COMBE (de). Charlet, sa vie, ses lettres, suivi d'une description raisonnée de son œuvre lithographique. Orné d'un portrait de Charlet. *Paris, Paulin et Le Chevalier*, 1856, in-8, broché.

<small>On y joint : Catalogue de 493 dessins de Charlet, exécutés pour le « Memorial de Sainte-Hélène ». Paris, 1860, plaquette de 32 pp. in-8.</small>

678. LAFENESTRE (Georges) et RICHTENBERGER (Eugène). La Peinture en Europe. Catalogues raisonnés des œuvres principales conservées dans les musées, collections, édifices civils et religieux. *Paris, Maison Quantin, s. d.*, 5 vol. in-8, carré, cartonn. toile de diverses couleurs, fers spéciaux, tr. jasp. (*Cartonn. des éditeurs*).

<small>Le Louvre. — La Belgique. — La Hollande. — Florence. — Venise.
Chaque volume est orné de 100 reproductions photographiques.</small>

679. LAFOND (Paul). Goya. *Paris, Librairie de l'Art ancien et moderne, s. d.*, gr. in-8, broché.

<small>Ouvrage orné de 70 gravures dans le texte et de 14 planches hors texte, dont 10 eaux-fortes, 2 héliogravures et 1 lithographie.</small>

680. LANGLOIS (E.-Hyacinthe). Stalles de la cathédrale de Rouen. Ornées de treize planches gravées ; avec une notice sur la vie et les travaux de E.-H. Langlois. *Rouen, Périaux*, 1838, gr. in-8, dos et coins chag. vert, fil., non rogné.

<small>Exemplaire imprimé sur grand papier vélin contenant le portrait de l'auteur et les 13 planches hors texte tirées sur papier de Chine.</small>

681. LA QUÉRIÈRE (E. de). Description historique des maisons de Rouen, les plus remarquables par leur décoration extérieure et par leur ancienneté; dans laquelle on a fait entrer les édifices civils et religieux devenus propriétés particulières. Ornée de 21 sujets inédits, dessinés et gravés par H. Langlois.

A Paris, de l'Imp. de Firmin Didot, 1821-1841, 2 vol. in-8, dos et coins mar. bleu à longs grains, ébarbés (*Rel. de l'époque*).

<small>Bel exemplaire auquel on a ajouté une lettre autographe de l'auteur à M. Delaage.</small>

682. LA QUÉRIÈRE (E. de). Recherches historiques sur les enseignes des maisons particulières. *Paris, chez V. Didron*, 1852. — Essai sur les girouettes, épis, crêtes et autres décorations des anciens combles et pignons. *Paris, Derache*, 1846, 8 pl. hors texte. — Ens. 2 ouvrages en 1 vol. in-8, dos et coins, bas. bleue, fil., dos orné, tr. jasp.

683. LE BLANC (Ch.). Manuel de l'amateur d'estampes, contenant un dictionnaire des graveurs de toutes les nations, un répertoire des estampes dont les auteurs ne sont connus que par des marques figurées..... *Paris, P. Jannet*, 1854-1857, 3 vol. in-8, brochés.

<small>Le tome IV manque et le tome III s'arrête au mot Pencz.</small>

684. LE BRETON (Gaston). Le musée céramique de Rouen. 20 planches par Ch. Goutzwiller, héliogravure Dujardin. *Rouen, E. Augé*, 1883, in-8, broché.

<small>Un des 50 exemplaires (n° 20) imprimés sur PAPIER DU JAPON.</small>

685. LEMAISTRE (Alexis). L'École des beaux-arts, dessinée et racontée par un élève. *Paris, Firmin Didot et Cie*, 1889, in-8, broché.

<small>Ouvrage illustré de 60 gravures hors texte.</small>

686. LEMONNIER (Camille). G. Courbet et son œuvre. Gustave Courbet à la tour de Peilz, avec un portrait et cinq eaux-fortes, par P. Collin, Ch. Courtry, M. Desboutin, Trimolet et Waltner. *Paris, A. Lemerre*, 1868. — GROS-KOST. Courbet, souvenirs intimes, illustré de dessins originaux hors texte par Bigot, Boissy, Pata, etc. *Paris, Derveaux*, 1880. — Ens. 2 vol. in-8 et in-12, brochés.

687. LEMONNIER (Camille). Études sur quelques artistes originaux. Constantin Meunier, sculpteur et peintre. *Paris, H. Floury*, 1904, pet. in-4, broché (*Couvert. illust.*).

<small>Un des 50 exemplaires (n° 25) imprimés sur PAPIER DU JAPON ; contenant les eaux-fortes hors texte en trois états : avec la lettre sur JAPON et sur VÉLIN et AVANT LA LETTRE sur PAPIER DU JAPON.</small>

688. LEMONNIER (Camille). Études sur quelques artistes origi-

naux. Félicien Rops, l'homme et l'artiste. *Paris, H. Floury*, 1908, pet. in-4, broché (*Couvert. illust.*).

<blockquote>Un des 100 exemplaires (n° 5) imprimés sur PAPIER DU JAPON; contenant les planches hors texte en deux états avec la lettre, sur HOLLANDE et sur JAPON, et un TIRAGE A PART, sur PAPIER DE CHINE, des illustrations du texte.</blockquote>

689. LEYMARIE (L. de). L'Œuvre de Gilles Demarteau l'aîné, graveur du roi. Catalogue descriptif, précédé d'une notice biographique par L. de Leymarie. *Paris, G. Rapilly*, 1896, in-8, demi-rel. chagrin rouge, ébarbé.

<blockquote>Catalogue orné de 8 reproductions hors texte.</blockquote>

690. LOTZ-BRISSONNEAU (A.). L'Œuvre gravé de Auguste Lepère. Catalogue descriptif et analytique, orné de cinq planches originales et de quinze reproductions hors texte. Préface de Léonce Bénédite. *Paris, Edmond Sagot, s. d.* (1905), gr. in-8, broché.

<blockquote>Édition tirée à 125 exemplaires (n° 21) imprimés sur papier de Hollande, dont cent seulement mis dans le commerce.</blockquote>

691. LUDWIG (Gustave) et MOLMENTI (Pompeo). Vittore Carpaccio. La vie et l'œuvre du peintre. Ouvrage traduit par H.-L. de Perera. Illustré de 26 planches en photographie et de 229 gravures en noir tirées hors texte. *Paris, Hachette et Cie*, 1910, gr. in-8, broché.

692. MACON (Gustave). Chantilly et le musée Condé. Ouvrage illustré de 36 planches hors texte en phototypie et de trois plans. *Paris, Renouard*, 1910, in-8, cartonn. dos et coins toile verte, tête dor., non rogné.

693. MAHÉRAULT (J.-F.). L'Oeuvre de Moreau le jeune. Catalogue raisonné et descriptif avec notes iconographiques et bibliographiques. Orné d'un portrait de l'auteur par Le Rat et précédé d'une notice biographique par Émile de Najac. *Paris, Adolphe Labitte*, 1880, in-8, broché.

<blockquote>Exemplaire imprimé sur PAPIER WHATMAN.</blockquote>

694. MANDER (Carl van). Le Livre des peintres de Carl van Mander. Vie des peintres flamands, hollandais et allemands (1604). Traduction, notes et commentaires par Henry Hymans. *Paris, J. Rouam*, 1884-1885, 2 vol. in-4, brochés.

<blockquote>Un des 25 exemplaires (n° 4) imprimés sur PAPIER DE HOLLANDE. Nombreuses reproductions hors texte et dans le texte.</blockquote>

695. MANTZ (Paul). Antoine Watteau. *Paris, Librairie illustrée*, 1892, gr. in-8, broché.

<small>Ouvrage orné de 17 planches hors texte tirées sur Chine et de nombreuses reproductions dans le texte.</small>

696. MARIE (Aristide). Un imagier romantique, Célestin Nanteuil, peintre aquafortiste et lithographe; suivi d'une étude bibliographique et d'un catalogue. Orné d'un portrait gravé à l'eau-forte et de 80 reproductions. *Paris, L. Carteret*, 1910, gr. in-8, broché (*Couvert. illust.*).

<small>Tiré à 300 exemplaires (n° 111) imprimés sur papier vélin.</small>

697. MARTHOLD (Jules de). Daniel Vierge, sa vie, son œuvre. *Paris, H. Floury*, s. d. (1906), pet. in-4, broché (*Couvert. illust.*).

<small>Un des 50 exemplaires (n° 10) imprimés sur PAPIER DU JAPON; contenant les illustrations hors texte en deux états.</small>

698. MÉRYON. Etchings of Charles Méryon. *London, George Newnes*, s. d., in-4, cartonné.

<small>49 planches et catalogue des eaux-fortes de Méryon.</small>

699. MICHEL (Émile). Les musées d'Allemagne. Cologne, Munich, Cassel. Ouvrage accompagné de 15 eaux-fortes et de 80 gravures. *Paris, Rouam*, 1886, in-4, broché.

<small>Un des 25 exemplaires (n° 4) imprimés sur PAPIER DE HOLLANDE.</small>

700. MICHEL (Émile). Rembrandt, sa vie, son œuvre et son temps. Ouvrage contenant 343 reproductions directes d'après les œuvres du maître. *Paris, Hachette et Cie*, 1893, gr. in-8, dos et coins mar. vert., fil, dos orné, tête d'or., ébarbé.

<small>Nombreuses illustrations dans le texte et hors texte.</small>

701. MICHEL (Émile). Rubens, sa vie, son œuvre et son temps. Ouvrage contenant 354 reproductions directes d'après les œuvres du Maître. *Paris, Hachette et Cie*, 1900, gr. in-8, en feuilles, dans le cartonnage de publication.

<small>Un des 25 exemplaires (n° 18) imprimés sur PAPIER DE CHINE.</small>

702. MICHELET (Victor-Émile). Études sur quelques artistes originaux. Maufra, peintre et graveur. *Paris, H. Floury*, 1908, pet. in-4, broché (*Couvert. illust.*).

<small>Un des 50 exemplaires (n° 8) imprimés sur PAPIER DU JAPON; contenant les planches hors texte en deux états.</small>

703. MOLINIER (Emile). Dictionnaire des émailleurs. Depuis le moyen âge jusqu'à la fin du XVIIIe siècle. *Paris, Rouam*, 1885,

in-12, broché. — POPELIN (Claudius). L'Email des peintres. *Paris, Lévy*, 1866, in-8, cartonné. — POPELIN (Claudius). L'Art de l'émail. *Paris, Dupuis*, 1868, in-8, broché. — Ens. 3 vol.

704. MOLMENTI (P.-G.). La Vie privée à Venise depuis les premiers temps jusqu'à la chute de la république. *Venise, Ferd. Ongania*, 1882, pet. in-8, broché.

<small>Ouvrage orné de reproductions hors texte en photographie.</small>

705. MOREAU (Adolphe). Decamps et son œuvre, avec des gravures en fac-simile des planches originales les plus rares. *A Paris, chez D. Jouaust*, 1869, in-8, broché.

<small>Un des 30 exemplaires imprimés sur PAPIER WHATMAN.</small>

706. MOREAU-NÉLATON (Étienne). Manet, graveur et lithographe. *Paris, chez Loys Delteil*, 1906, in-4, broché (*Couvert. illust.*).

<small>Un des 20 exemplaires (n° 16) imprimés sur PAPIER DU JAPON.</small>

707. MÜNTZ (Eugène). Les Arts à la cour des papes pendant le XVe et le XVIe siècle. Recueil de documents inédits, tirés des archives et des bibliothèques romaines. *Paris, E. Thorin*, 1878-1882, 3 vol. in-8, brochés.

708. MÜNTZ (Eugène). Les Précurseurs de la Renaissance. *Paris, Librairie de l'Art*, 1882, in-4, broché.

<small>Ouvrage orné de 66 gravures dans le texte et de 14 planches hors texte.</small>

709. MÜNTZ (Eugène). La Renaissance en Italie et en France à l'époque de Charles VIII. Ouvrage publié sous la direction et avec le concours de M. Paul d'Albert de Luynes et de Chevreuse, duc de Chaulnes, et illustré de 300 gravures dans le texte et de 38 planches tirées à part. *Paris, Firmin Didot et Cie*, 1885, gr. in-8, broché.

710. MÜNTZ (Eugène). Histoire de l'art pendant la Renaissance. Italie. Les Primitifs. L'Age d'or. La fin de la Renaissance. *Paris, Hachette et Cie*, 1889-1895, 3 vol. gr. in-8, brochés.

<small>Ouvrage orné de nombreuses illustrations dans le texte, de planches en chromotypographie, en phototypie polychrome, etc., hors texte.</small>

711. MÜNTZ (Eugène). Léonard de Vinci. L'artiste, le penseur, le savant. *Paris, Hachette et Cie*, 1899, gr. in-8, broché.

<small>Ouvrage contenant 238 reproductions dans le texte, 20 planches en taille-douce et 28 planches en couleurs ou en noir d'après les œuvres du maître.</small>

712. MÜNTZ (Eugène). Florence et la Toscane ; paysages et monuments, mœurs et souvenirs historiques. Nouvelle édition entièrement refondue. *Paris, Hachette et C*^{ie}, 1901, gr. in-8, broché.

<small>Nombreuses gravures hors texte et dans le texte.</small>

713. MARREY (Charles). Albert Durer à Venise et dans les Pays-Bas, autobiographie, lettres, journal de voyages, papiers divers. Traduits de l'allemand avec des notes et une introduction. Ouvrage orné de 27 gravures sur papier de Chine. *Paris, J. Renouard*, 1866, gr. in-8, papier de Hollande, broché.

714. NUMÉROS DE L'ALBUM, consacrés à Ch. Huard et Léandre, de l'*Art décoratif*, à Louis Legrand et Edgar Chahine, de l'*Art et le Beau*, consacré à Louis Legrand, de l'*Estampe et l'affiche*, consacrés à Daniel Vierge et à Fantin-Latour, de l'*Image*, sur Willette, de *Pèl et Ploma*, consacrés à divers artistes espagnols, de *la Plume*, sur Cazals, Falguière et F. Rops, etc. — Ens. 22 fascicules in-4.

715. NOLHAC (Pierre de). Hubert Robert, 1733-1808. *Paris, Manzy, Joyant et C*^{ie}, 1910, in-4, illustrations d'après les peintures et les dessins originaux, broché.

<small>Exemplaire (n° 282) imprimé sur papier de Rives.</small>

716. ŒUVRE ET L'IMAGE (L'), revue mensuelle de l'art contemporain : De l'origine, novembre 1900 à décembre 1902 (moins novembre et décembre 1901). *Paris, Maison du Livre*, 1900-1902, 2 vol. in-8, en fascicules.

<small>On y joint : les titres, tables et couvertures de cette revue et les 4 premières années complètes des « Arts bibliographiques ».</small>

717. PANHARD (F.). Joseph de Longueil. Sa vie, son œuvre. Illustré d'un portrait par P. Adolphe Varin et d'une suite de reproductions de gravures. *Paris, Morgand et Fatout*, 1880, gr. in-8, broché.

<small>Un des 30 exemplaires (n° 23) imprimés sur PAPIER WHATMAN.</small>

718. PATOUX (Abel). L'Œuvre de M.-Q. de Latour au musée de Saint Quentin et les dernières années du peintre d'après des documents inédits. Soixante-dix portraits gravés à l'eau-forte par Adolphe Lalauze. Texte par Abel Patoux. Préface de M. Paul Lacroix. *Saint-Quentin, Ch. Poette*, 1882, in-fol., en feuilles, dans le cartonn. de publication.

<small>Un des 200 exemplaires (n° 151) imprimés sur papier de Hollande. Cet exemplaire contient une seconde suite de la première épreuve de</small>

chaque portrait à l'état d'EAU-FORTE PURE, avec remarques, tirée sur papier de Hollande pour Ad. Lalauze.

719. **PEINTRES ALLEMANDS** et hollandais (Ouvrages relatifs aux). 6 vol. et plaquettes, in-4, in-8 et in-12, brochés.

ALVIN (L.). L'Enfance de Jésus, tableaux flamands, poëme tiré des compositions de J. Wierix. *Aubry*, 1860. — HUYSMANS (J.-K.). Trois primitifs. *Vanier*, 1905. — MICHEL (Ed.). Etude biographique sur les Tischbein, peintres allemands du XVIIIe siècle. *Lyon*, 1881. — MICHEL (Ed.). Le Musée de Cologne. *Rouam*, 1884. — ROUSSEAU (J.). Hans Holbein. *Id.*, 1885. — TRIAIRE (Paul). Les Leçons d'anatomie et les peintres hollandais aux XVIe et XVIIe siècles. *Quantin*, 1887.

720. **PEINTRES FRANÇAIS.** 8 vol. et plaquettes gr. in-8, in-8 et in-12, brochés.

ANDRÉ (Ed.). Zorn, sa vie, son œuvre. *Rapilly*, 1907. — BAILLÈRE (H.). Henri Regnault, 1843-1871. *Lemerre*, 1871. — BECQ DE FOUQUIÈRES. Isidore-Alexandre-Auguste Pils, sa vie et ses œuvres. *Charpentier*, 1876. — BURTY (Ph.). Paul Huet. Notice biographique et critique. *Paris*, 1869. — LEGOUVÉ. Paul Huet. S. l. n. d. — REGNAULT (Henri). Correspondance recueillie et annotée par Arthur Duparc. *Charpentier*, 1872. — MOREAU-VAUTHIER (Ch.). Gérome, peintre et sculpteur. L'homme et l'artiste. *Hachette et Cie*, 1906. — ZOLA (Emile). Ed. Manet. *Dentu*, 1867.

721. **PEINTRES FRANÇAIS DU XVIIIe SIÈCLE.** 5 plaquettes in-4 et in-8.

CHAMPFLEURY et autres. Trois tableaux de Boucher. *Cadart, s. d.*, 3 eaux-fortes. — Numéro spécial de L'ART ET LES ARTISTES, consacré à Chardin et Fragonard. — LA CHAVIGNERIE (de). Recherches historiques, biographiques et littéraires sur le peintre Lautara. *Dumoulin*, 1852. — PORTALIS (Bon Roger). Adélaïde Labille-Guiard, 1749-1803. *Rapilly*, 1902, nombreuses reproductions. — PORTALIS (Bon Roger). Scènes de la vie champêtre, panneaux décoratifs de Fragonard. *Imp. G. Petit*, 1902, 4 reproductions hors texte.

722. **PEINTRES FRANÇAIS DU XIXe SIÈCLE.** 8 vol. et plaquettes in-4 et in-8, brochés.

BURTY (Ph.), Célestin Nanteuil, graveur et peintre. *Monnier*, 1887. — CHAMPFLEURY. Henry Monnier, sa vie, son œuvre, avec un catalogue complet de l'œuvre et 100 gravures fac-simile. *Dentu*, 1879. — CLÉMENT (Ch.). Léopold Robert d'après sa correspondance inédite. *Didier et Cie*, 1875. — DUMESNIL (H.). Corot, souvenirs intimes. *Rapilly*, 1875. — DUMESNIL (H.). Troyon, souvenirs intimes. *Laurens*, 1888. — GUIFFREY (J.). L'Œuvre de Ch. Jacque, catalogue de ses eaux-fortes et pointes-sèches. *Lemaire*, 1866. — ROUSSEAU (Jean). Camille Corot. *Rouam*, 1884. — SENSIER (Alfred). Etude sur Georges Michel.

723. **PEINTRES FRANÇAIS DU XIXe SIÈCLE.** Berthe Morisot (Mme Eugène Manet). Exposition de son œuvre (catalogue). Préface de Stéphane Mallarmé, 1896. — Selection (A) from the

pictures by Boudin, Cézanne, Degas, Manet, Monet, Morisot, etc., etc. 42 reproductions en phototypie, 1905. — GRAPPE (Georges). Edgar Degas. Une planche en 4 couleurs, 6 dessins, 54 illustrations teintées et 1 gravure (n° 1 de l'*Art et le beau*). — Ens. 3 plaquettes in-4.

724. **PEINTRES ITALIENS.** 7 vol. et plaquettes in-8 et in-12, dont 2 reliés, les autres brochés.

> AGRICOLA (F.). Le portrait du cardinal Antoine dal Monte, tableau original peint sur bois par Raphaël d'Urbin. *Rome*, 1846. — CLÉMENT (Ch.). Michel-Ange, Léonard de Vinci, Raphaël. *Michel Lévy*, 1861. — FEUILLET DE CONCHES et A. BASCHET. Les Femmes blondes selon les peintres de l'école de Venise. *Aubry*, 1865. — HOUSSAYE (Arsène). Histoire de Léonard de Vinci. *Didier et Cie*, 1869. — LAFENESTRE (G.). La Vie et l'œuvre du Titien. *Hachette et Cie*, 1909. — MESNARD (Léonce). Etude sur Tintoret et l'école vénitienne. *Rouam*, 1881. — ROLLAND (R.). Michel-Ange. *Id.*, s. d.

725. **PERKINS** (Charles C.). Les Sculpteurs italiens. Édition française, revue, augmentée et ornée d'un album de 80 eaux-fortes gravées par l'auteur et de 35 gravures sur bois dans le texte. Traduit de l'anglais par Ch.-Ph. Haussoullier. *Paris, Vve J. Renouard*, 1869, 2 vol. in-8, brochés et album in-4, en feuilles dans le cartonnage de publication.

726. **PLON** (Eugène). Thorwaldsen, sa vie et son œuvre. Ouvrage enrichi de deux gravures au burin par F. Gaillard et de trente-cinq compositions du maître. *Paris, H. Plon*, 1867, gr. in-8, dos et coins mar. rouge, tête dor., ébarbé.

> Un des 200 exemplaires (n° 70) contenant le TIRAGE A PART sur papier de Chine des 37 illustrations du texte.

727. **PORTALIS** (Baron Roger). Les Dessinateurs d'illustrations au dix-huitième siècle. *Paris, D. Morgand et Ch. Fatout*, 1877, 2 vol. in-8, pap. de Holl., brochés.

728. **PORTALIS** (Baron Roger). Honoré Fragonard, sa vie et son œuvre. 210 planches et vignettes d'après les peintures, estampes et dessins originaux, Eaux-fortes par Lalauze, Champollion, Courtry, De Mare, etc. *Paris, J. Rothschild*, 1889, un tome en 2 vol. gr. in-8, demi-rel., mar. bleu, dos orné, non rognés (*Couvert. illust.*).

> Un des 100 exemplaires (n° 38) imprimés sur papier VÉLIN DU MARAIS, contenant les eaux-fortes et les planches sur cuivre en deux états : AVANT et avec la lettre.

729. **PORTALIS** (Baron Roger). Claude Hoin, (1750-1817).

Gouaches, pastels, miniatures. *Paris, Gazette des beaux-arts*, 1900, gr. in-8, broché.

<small>Un des 50 exemplaires (n° 35) imprimés sur PAPIER DU JAPON, contenant les planches hors texte en deux états : AVANT et avec la lettre.</small>

730. PORTALIS (Baron Roger). Henry-Pierre Danloux, peintre de portraits et son journal durant l'émigration (1753-1809). *Paris, pour la Société des Bibliophiles françois, chez Ed. Rahir*, 1910, in-4, broché.

<small>Exemplaire n° 111, imprimé sur papier d'Arches.
Cet ouvrage, tiré à 316 exemplaires, est orné de nombreuses reproductions hors texte et dans le texte, en héliogravure et en phototypie.</small>

731. PORTALIS (Baron Roger) et BÉRALDI (Henri). Les graveurs du dix-huitième siècle. *Paris, D. Morgand et Ch. Fatout*, 1880-1882, 3 vol. in-8, brochés.

<small>Exemplaire n° 108 imprimé sur papier de Hollande.</small>

732. POTTIER (André). Histoire de la faïence de Rouen. Ouvrage posthume, publié par les soins de MM. L'abbé Colas, Gustave Gouellain et Raymond Bordeaux ; orné de 60 planches imprimées en couleurs et de vignettes, d'après les dessins de Mlle Émilie Pottier. *Rouen, Aug. Le Brument*, 1870, 2 vol. gr. in-4, dont un de planches, dos et coins mar. violet, tête dor, non rognés (*Couvert.*).

<small>Exemplaire n° 14 imprimé sur PAPIER WHATMAN au nom de M. Léon Manchon.</small>

733. POTTIER (Edmond). Diphilos et les modeleurs de terres cuites grecques. Douris et les peintres de vases grecs. *Paris, Laurens, s., d.*, 2 vol. pet. in-4, cartonn. de l'éditeur.

<small>De la *Collection des grands artistes*. Chaque volume est orné de 24 reproductions hors texte.
On y joint : CARTAULT (A.). Sur l'authenticité des groupes en terre cuite d'Asie Mineure. *Mâcon*, 1887, in-4, orné de 7 héliogravures, broché.</small>

734. RAMIRO (Érastène). Catalogue descriptif et analytique de l'œuvre gravé de Félicien Rops. Précédé d'une notice biographique et critique. Orné d'un frontispice et de gravures d'après des compositions inédites de Félicien Rops... *Paris, Conquet*, 1887. — Supplément. Illustrations de Félicien Rops, fleurons et culs-de-lampe par Armand Rassenfosse. *Paris, Floury*, 1895. — Ens. 2 vol. gr. in-8, brochés.

<small>Le *Catalogue* est un des 40 exemplaires (n° 16) imprimés sur PAPIER</small>

DE HOLLANDE contenant un tirage à part sur PAPIER DU JAPON des en-têtes du texte.

On y a ajouté une figure en deux états sur Japon : en noir et en couleurs.

Le *Supplément*, un des 50 exemplaires imprimés sur Hollande, renferme les planches hors texte en trois états et le tirage à part des illustrations du texte.

735. RAMIRO (Érastène). L'œuvre lithographié de Félicien Rops. Orné de sept reproductions de lithographies en taille-douce. *Paris, L. Conquet,* 1891, gr. in-8, broché.

Un des 50 exemplaires (n° 7) imprimés sur PAPIER DU JAPON.

736. RAMIRO (Érastène). Études sur quelques artistes originaux. Félicien Rops. *Paris, G. Pellet,* 1905, pet. in-4, broché.

Un des 100 exemplaires (n° 7) imprimés sur PAPIER DU JAPON ; contenant les planches hors texte en deux états avec la lettre, sur JAPON et sur HOLLANDE, et un TIRAGE A PART sur CHINE des illustrations du texte.

737. RAYET (Olivier) et COLLIGNON (Maxime). Histoire de la céramique grecque. *Paris, G. Decaux,* 1888, gr. in-8, broché.

Ouvrage orné de 16 lithographies hors texte et de 145 figures dans le texte, gravées sur bois.

738. REMBRANDT (Ouvrages relatifs à). 3 vol. et plaquettes in-8 et in-12, brochés.

COQUEREL (Ath.). Rembrandt et l'individualisme dans l'art. *Paris, Cherbuliez,* 1869. — SCHELTEMA (D^r). Rembrandt, discours sur sa vie et son génie. *Paris, Renouard,* 1866. — SEYMOUR HADEN (F.). L'Œuvre gravé de Rembrandt. *Paris, Gazette des beaux-arts,* 1880.
On y joint : FONTAINAS (André). Frans Halls. *Paris, Laurens, s. d.,* in-8, cartonné.

739. RENOUVIER (Jules). Histoire de l'art pendant la Révolution, considéré principalement dans les estampes. Ouvrage posthume de Jules Renouvier, suivi d'une étude du même sur J.-B. Greuze, avec une notice biographique et une table par M. Anatole de Montaiglon. *Paris, Vve Jules Renouard,* 1863, 2 vol. in-8, brochés.

740. REPRESENTATIVE ART of our time with original etchings and lithographs and reproductions of oil and water colour paintings, pastels, etc. Edited by Charles Holme. *London, offices of " the Studio",* 1903, 8 fascicules (1 à 8) in-fol.

Publication du *Studio*.

741. ROBAUT (Alfred). L'Œuvre complet de Eugène Delacroix ;

peintures, dessins, gravures, lithographies, catalogué et reproduit par Alfred Robaut, commenté par Ernest Chesneau. Ouvrage publié avec la collaboration de Fernand Calmettes. *Paris, Charavay frères*, 1885, gr. in-8, broché.

> Un des 40 exemplaires (n° 52) imprimés sur PAPIER VERGÉ à la cuve, contenant les 2 portraits en deux états : avant et avec la lettre.

742. ROBAUT (Alfred). L'OEuvre de Corot. Catalogue raisonné et illustré, précédé de l'histoire de Corot et de ses œuvres par Etienne Moreau-Nélaton, ornée de dessins et croquis originaux du maître. *Paris, Floury*, 1905, 4 vol. in-4, plus un volume pour la table, brochés.

> Exemplaire (n° 50) imprimé sur papier vélin à la cuve, pour M. L. Manchon.

743. ROUARD. François Ier chez Mme de Boisy. Notice d'un recueil de crayons ou portraits aux crayons de couleur, enrichi par le roi François I de vers et de devises inédites appartenant à la bibliothèque Méjanes d'Aix. Avec 12 portraits choisis, lithographiés en fac-simile. *Paris, chez Aug. Aubry*, 1863, in-4, dos et coins mar. rouge, tête dor., ébarbé.

> Tirage à 170 exemplaires.

744. SÉAILLES (Gabriel). Eugène Carrière. L'homme et l'artiste. Compositions et croquis de E. Carrière, gravés par Mathieu. *Paris, Édouard Pelletan*, 1901, in-8 cavalier, en feuilles, dans un carton.

> Un des 30 exemplaires (n° 5) sur Chine fort contenant le TIRAGE A PART des dix gravures, sur Japon ancien.
> On y a joint une deuxième épreuve du portrait de Carrière sur Chine, signée à la mine de plomb par le graveur.

745. SENSIER (Alfred). Souvenirs sur Th. Rousseau. *Paris, Léon Téchener*, 1872, gr. in-8, portrait, broché.

> Ouvrage devenu rare.

746. SENSIER (Alfred). La Vie et l'œuvre de J.-F. Millet. Manuscrit publié par Paul Mantz, avec de nombreuses illustrations. *Paris, A. Quantin*, 1881, gr. in-8, broché.

> Un des 100 exemplaires (n° 59) imprimés sur PAPIER DE HOLLANDE, contenant les planches hors texte en deux états : avant la lettre sur Japon et avec la lettre sur Hollande.

747. SIRET (Adolphe). Dictionnaire historique et raisonné des peintres de toutes les écoles, depuis l'origine de la peinture jusqu'à nos jours. Troisième édition originale. *Paris*, 1883, 2 vol. in-8, dos et coins chag. rouge, non rognés.

748. **SOCIÉTÉ DES ARTISTES FRANÇAIS**. Livrets du Salon : de 1870 à 1896 inclus (moins 1892). *Paris, 1870-1896*, 25 vol. in-12, dont 11 brochés et 14 cartonnés.

> On y joint : 1° SOCIÉTÉ NATIONALE DES BEAUX-ARTS. Livrets du Salon : de 1890 à 1907 et 1903 et 1906. *Paris,* 1890-1906, 10 vol. in-12 cartonnés et brochés. — 2° ASTRUC (Z.). Les 14 stations du Salon. 1859. *Paris,* 1859, in-12. — THORÉ. Salons de 1845 et 1846. *Paris,* 1845-1846, 2 vol. in-12, brochés. — 3° VIGNON (C.). Salon de 1852. *Paris,* 1852, in-12, broché.

749. **SOLVAY** (Lucien). L'Art espagnol, précédé d'une introduction sur l'Espagne et les Espagnols. *Paris, Librairie de l'Art,* 1887, in-4, broché.

> Ouvrage orné de 72 gravures d'après les œuvres des maîtres et de croquis originaux de Goya, Fortuny, H. Regnault, Const. Meunier, etc.

750. **SORTAIS** (Gaston). Le maître et l'élève. Fra Angelico et Benozzo Gozzoli. *Paris, Desclée, De Brouwer, s. d.,* in-8, broché.

> Nombreuses illustrations hors texte.

751. **STIRLING** (William). Velazquez et ses œuvres. Traduit de l'anglais par G. Brunet. *Paris, Renouard,* 1865, in-8, broché.

> On y joint : MÉMOIRE de Velazquez sur 41 tableaux envoyés par Philippe IV à l'Escurial, avec introduction, traduction et notes par le baron Ch. Davillier. *A Paris, chez Aubry,* 1874, in-8, broché.

752. **THAUSING** (Moriz). Albert Dürer. Sa vie et ses œuvres ; traduit de l'allemand avec l'autorisation de l'auteur par Gustave Gruyer. Ouvrage illustré de 75 gravures en taille-douce, en lithographie et sur bois. *Paris, Firmin Didot et Cie,* 1878, gr. in-8, broché.

> Un des 60 exemplaires (n° 45) imprimés sur PAPIER VERGÉ.

753. **TOUDOUZE** (Georges). Henri Rivière, peintre et imagier. *Paris, H. Floury,* 1907, pet. in-4, broché.

> Un des 100 exemplaires (n° 20) imprimés sur PAPIER VÉLIN DE RIVES, orné de nombreuses planches hors texte dont plusieurs en deux états.

754. **VASARI** (Giorgio). Vies des peintres, sculpteurs et architectes, traduites et annotées par Léopold Leclanché et commentées par Jeanron et Léopold Leclanché. 121 portraits gravés sur acier. *Paris, Just Tessier,* 1839-1842, 10 vol. in-8, demi-rel. chagrin rouge, tr. jasp.

755. **VECELLIO** (Ces.). Costumes anciens et modernes. Habiti

antichi et moderni di tutto il mondo di Cesare Vecellio, précédés d'un essai sur la gravure sur bois par M. Amb. Firmin Didot. *Paris, Firmin Didot frères*, 1860, 2 vol. in-8, brochés.

<small>Un des quelques exemplaires imprimés sur PAPIER DE CHINE.</small>

756. VEVER (Henri). La Bijouterie française au XIXe siècle. 1800-1900. *Paris, H. Floury*, 1906-1908, 3 vol. in-8, brochés.

<small>Nombreuses illustrations en phototypie hors texte et dans le texte.</small>

757. VIARDOT (Louis). Les Musées d'Europe. Guide et memento de l'artiste et du voyageur. *Paris, Hachette et Cie*, 1855-1860, 5 vol. in-12, dos et coins mar. vert, non rognés.

<small>Musées de France (Paris), d'Espagne, d'Italie, d'Allemagne, d'Angleterre, de Belgique, de Hollande et de Russie.</small>

758. VILLES D'ART CÉLÈBRES (De la collection de). *Paris, H. Laurens*, 1907-1909, 3 vol. in-4, cartonn. toile verte.

<small>DIEHL (Ch.). Palerme et Syracuse. — GEBHART (Emile). Florence. — RÉE (P.-J.). Nuremberg.
Chaque volume est orné de nombreuses gravures.</small>

759. VIOLLET-LE-DUC. Dictionnaire raisonné du mobilier français, de l'époque carlovingienne à la Renaissance. *Paris, Bance*, 1868-1875, 6 vol. in-8, dos et coins mar. rouge, fil., dos orné, tête dor., non rognés (*Raparlier*).

<small>Bel exemplaire.</small>

760. WAAGEN (G.-F.). Manuel de l'histoire de la peinture. Écoles allemande, flamande et hollandaise. Traduction par MM. Hymans et J. Petit; avec un grand nombre d'illustrations. *Bruxelles et Paris*, 1863, 3 vol. in-8, brochés.

761. WARMONT (Le Dr A.). Recherches historiques sur les faïences de Sinceny, Rouy et Ognes. *Chauny et Paris*, 1864, in-8. broché.

<small>Tiré à petit nombre sur papier de Hollande ; 6 lithographies en couleurs.</small>

762. WHISTLER (Mc Neill) The art of James Mc Neill Whistler, an appreciation by T.-R. Way and G.-R. Dennis. *London, George Bell and Sons*, 1903, in-8, cartonn. toile grise (*Rel. des éditeurs*).

<small>Ouvrage orné de nombreuses planches hors texte.</small>

763. YRIARTE (Charles). Un Condottiere au XVe siècle, Rimini.

Etudes sur les lettres et les arts à la cour des Malatesta, d'après les papiers d'Etat des archives d'Italie ; avec 200 dessins d'après les monuments du temps. *Paris, J. Rothschild*, 1882, gr. in-8, broché.

764. YRIARTE (Charles). Venise. Histoire, art, industrie. La Ville, la vie. Ouvrage orné de 525 gravures, dont 50 tirées hors texte et plusieurs en couleurs, *Paris, J. Rothschild*, 1878, in-fol., dos et coins mar. vert, tête dor., non rogné (*Pouget*).

765. YRIARTE (Charles) Florence. L'histoire, les Médicis, les humanistes, les lettres, les arts. Orné de 500 gravures et planches. *Paris, J. Rothschild*, 1881, 1 tome en 2 vol. in-fol., en feuilles dans les cartonnages de publication.

766. YRIARTE (Charles). La Vie d'un patricien de Venise au xvie siècle d'après les papiers d'Etat des Frari. Avec 136 gravures et 8 planches, reproductions des monuments du temps et des fresques de Paul Véronèse. *Paris, Rothschild, s. d.*, gr. in-8, broché.

767. YRIARTE (Charles). Françoise de Rimini dans la légende et dans l'histoire, avec vignettes et dessins inédits d'Ingres et de Scheffer. *Paris, Rothschild*, 1883, pet. in-8, broché.

Exemplaire n° 150, imprimé sur PAPIER DU JAPON.

768. YRIARTE (Charles). Sculpture italienne, xve siècle. Matteo Civitali, sa vie et son œuvre. 9 planches et 100 illustrations par Paul Laurent. *Paris, J. Rothschild*, 1886, in-4, broché.

Edition imprimée à 200 exemplaires (n° 199) sur PAPIER DU JAPON.

769. YRIARTE (Charles). César Borgia. Sa vie, sa captivité, sa mort, d'après de nouveaux documents des dépôts des Romagnes, de Simancas et des Navarres. Avec portraits, médailles, monuments et cartes. *Paris, Rothschild*, 1889, 2 vol. in-8, brochés.

770. YRIARTE (Charles). Autour des Borgia. Les monuments, les portraits, Alexandre VI, César, Lucrèce, l'Epée de César, l'œuvre d'Hercule de Fideli, les appartements Borgia au Vatican. Etudes d'histoire et d'art ; avec 18 planches en couleur, en noir et sur cuivre, et 156 illustrations d'après les monuments contemporains. *Paris, J. Rothschild*, 1891, in-4, broché.

771. YRIARTE (Charles). Goya. Sa biographie ; les fresques, les toiles, les tapisseries, les eaux-fortes et le catalogue de l'œuvre,

avec 50 planches inédites d'après les copies de Tabar, Bocourt, et Ch. Yriarte. *Paris, Henri Plon*, 1867. — Lefort (Paul). Francisco Goya. Etude biographique et critique, suivie de l'essai d'un catalogue raisonné de son œuvre gravé et lithographié. *Paris, Loones*, 1877. — Matheron (Laurent). Goya. *Paris, Schulz*, 1858. — Ens. 3 vol. in-8 et in-12, dont 2 brochés et 1 demi-rel. chagrin rouge.

III. — LIVRES MODERNES ILLUSTRÉS

772. ALBUM BÉRANGER-GRANDVILLE contenant 120 vignettes sur bois composées sur les sujets des chansons et gravées par nos premiers artistes. *Paris, H. Fournier*, 1837, in-8, dos et coins veau fauve, ébarbé (*Rel. de l'époque*).

    Fac-simile d'autographe et 120 figures de *Grandville* et *Raffet*.

773. ALBUMS et Almanachs de Kate Greenaway. 13 vol. de divers formats, cartonnés,

    Almanack de Kate Greenaway pour 1883, 1885 et 1886. — Alphabet. — Birthday book for Children, with 382 illustrations. — Day in a child's life. Music by Miles B. Foster. — Le Langage des fleurs. — La Lanterne magique par J. Levoisin. — Little Ann and other poems, by Jane and Ann Taylor —. Marigold garden. — Mother goose or the old nursery rhymes. — Under the window.

774. ALBUMS ILLUSTRÉS en couleurs par Boutet de Monvel. 5 albums in-4, cartonnés.

    La Civilité puérile et honnête expliquée par l'oncle Jacques. *Paris, Plon, Nourrit et C*^{ie}*, s. d.* — Jeanne d'Arc. *Ibid., id., s. d.* — La Fontaine. Fables choisies pour les enfants. *Ibid., id., s. d.* — Chansons de France pour les petits enfants. *Ibid., id.*, 1885. — Vieilles chansons et rondes pour les petits enfants. *Ibid., id.*, 1884.

775. ALBUMS ILLUSTRÉS par Caran d'Ache, Courboin, Gerbault, etc. 5 albums in-4, dont 2 cartonnés, les 3 autres brochés.

    Fantaisies, par Caran d'Ache, Courboin, Gerbault, etc. *L. Baschet, s. d.* — Nick Benar. A la découverte de la Russie. Illustrations par Caran d'Ache et A. Guillaume. *Plon, s. d.* — Les Courses dans l'antiquité, par Caran d'Ache. *Id., s. d.* — Guillaume (A.). Madame est servi. *Simonis-Empis, s. d.* — Saint-Juirs. Le petit Nab. Dessins de Grasset. *Baschet,* 1882.

776. **ALBUMS ILLUSTRÉS** par Job. 6 albums in-4, cartonnés.

Fanfan la Tulipe. Texte par P. Bilhaud. *Paris, Hachette et Cie, s. d.* — Le bon roy Henri. Texte par Abel Hermant. *Tours, A. Mame et fils, s. d.* — Les Gourmandises de Charlotte. Texte par Jeanne Samary. *Paris, Hachette et Cie,* 1890. — Le grand Napoléon des petits enfants. Texte par J. de Marthold. *Paris, Plon, s. d.* — Mémoires de César Chabrac, trompette de houzards. *Paris, H. Geffroy, s. d.* — La Cantinière par G. Montorgueil. *Paris, Charavay, s. d.*

777. **ALBUMS ILLUSTRÉS** par des artistes étrangers. 6 albums in-4 et in-8, cartonnés et brochés.

Alphabet des bons exemples, texte de Mme P. Boulanger. Dessins de H. Gray. *Paris, Levy, s. d.* — Gleanings from the Graphic, by Randolph Caldecott. *London, s. d.* — Hey Diddle diddle an baby Bunting. — The milkmaid. Illust. de R. Caldecott, 2 plaquettes. — Münchener Bunte Mappe. Herausgegeben von Max Bernstein. Originalbeiträge Münchener Künstler und Schriftsteller. *München,* 1884. — Ranz (Le) des Vaches de Gruyère, Chansons de vigneron, illustrés par G. Roux. *Berne, Dalp., s. d.*

778. **ALBUMS ILLUSTRÉS** par divers artistes. 8 albums in-4 et in-8 cartonnés.

L'Armée dans un fauteuil n° du 25 février 1889. — Les Bucherons et les schlitteurs des Vosges ; 40 dessins par Théophile Schuler. Texte par A. Michiels. *Paris, Berger-Levrault, s. d.* — La Diligence de Ploërmel, par Quatrelles et Eug. Courboin. *Paris, Hachette et Cie, s. d.* — L'Illustre dompteur, par P. Guigou et A. Vimar. *Paris, Plon, s. d.* — Okoma, roman japonais, illustré par Félix Régamey. *Paris, Plon,* 1882 (Exempl. sur Japon). — Le Voyage de Mlle Rosalie par A. Vallery-Radot. Illustrations d'Adrien Marie. *Paris, Maison Quantin, s. d.* — Les Œufs de Pâques. Illustrations de A. Giraldon. *Ibid., id., s. d.* (2 exempl.).

779. **APULÉE.** L'Ane d'or, ou la métamorphose. Traduction de Savalète, préface de J. Andrieux ; avec nombreuses gravures dessinées par A. Racinet et P. Bénard. *Paris, A. Firmin-Didot,* 1872, in-8, broché.

Exemplaire très frais de premier tirage auquel on a ajouté les cartons des pp. 38, 43 et 74.

780. **ASTRUC** (Zacharie). Les Alhambras, avec 16 planches hors texte. *Paris, Henri Leclerc,* 1908, in-8, broché.

Un des 50 exemplaires (n° 12), contenant les figures en deux états : avant et avec la lettre.

781. **A VASCO DE GAMA,** 1498. Hommage de la pensée française, 1898. Album commémoratif publié sous le patronage de

— 45 —

S. M. la reine Marie-Amélie de Portugal, recueilli par Mme Juliette Adam. *Paris et Lisbonne, Guillard, Aillaud et Cie, s. d.,* in-4, broché.

Texte par Paul Bourget, F. Coppée, P. Loti, S. Mallarmié, etc. — Musique par Th. Dubois, Massenet, Saint-Saens, etc. Dessins par Detaille, Carolus-Duran, Puvis de Chavannes, J.-P. Laurens, etc. Planches en deux états.

782. BAC. Les Fêtes galantes. Album absolument inédit. Préface de Arsène Houssaye. *Paris, Simonis Empis, s. d.,* in-4, broché.

Un des 25 exemplaires (n° 10) imprimés sur PAPIER DU JAPON.

783. BARTHÉLEMY. Némésis. Quatrième édition ornée de 15 gravures d'après les dessins de Raffet. *Paris, Perrotin,* 1835. 2 vol. in-8, demi-rel. veau rouge, dos plat orné, tr. marb. (*Rel. de l'époque*).

PREMIER TIRAGE des figures de *Raffet*.
Exemplaire imprimé sur PAPIER VÉLIN contenant les figures tirées sur PAPIER DE CHINE.

784. BAUD-BOVY (Daniel). La Meije et les Écrins. Illustrations par Ernest Hareux. *Grenoble, Gratier et Rey, s. d.,* pet. in-4, broché.

Ouvrage illustré de 50 vignettes et 25 planches hors texte en couleurs, fac-simile d'aquarelles.

785. BEAUMONT (Ed. de). L'Épée et les femmes. Cinq dessins de Meissonier tirés hors texte. *Paris, Librairie des Bibliophiles,* 1881, gr. in-8, broché.

Un des 50 exemplaires (n° 74) imprimés sur PAPIER DE HOLLANDE contenant les figures en deux états : AVANT et avec la lettre.

786. BERGERAT (Émile). Enguerrande, poème dramatique, précédé d'une préface par Théodore de Banville avec un portrait de l'auteur, gravé à l'eau-forte par Henri Lefort et deux compositions d'Auguste Rodin. *Paris, Klein et Cie,* 1884, pet. in-4, broché.

Un des 75 exemplaires (n° 62) imprimés sur PAPIER WHATMAN.

787. BERGMAN (Carl Johan). Gotland och Wisby i Taflor. Tjugo original teckningar af P.-A. Save. *Stockholm, Köpenhamn, s. d.,* in-4 oblong., cartonnage toile, fers spéciaux.

20 vues lithographiées et une carte.

788. BONAPARTE (Prince Roland). Une Excursion en Corse. *Paris, Imprimé pour l'auteur,* 1891, pet. in-4, broché.

Ouvrage non mis dans le commerce, orné de 6 héliogravures hors texte.

789. BOUTET (Henri). Les Curiosités de Paris, orné de nombreuses illustrations d'après Gavarni, G. Doré, Cham, Ed. Morin, Grévin, Vierge, etc. *Paris, F. Juven, s. d.*, in-12, broché.

> Premier volume de la IIe série des *Petits Mémoires de Paris*.
> Un des 10 exemplaires (n° 8) imprimés sur PAPIER DU JAPON contenant deux états des gravures : Chine et Japon, deux états de l'eau-forte de la planche terminée et deux états de la planche signée.
> Cet exemplaire est enrichi d'une AQUARELLE ORIGINALE et d'un croquis sur le faux-titre, par HENRI BOUTET.

790. BRUANT (Aristide). Dans la rue. Chansons et monologues. Dessins de Steinlen. *Paris, Aristide Bruant, s. d.* (1889), 2 vol. in-12, brochés.

> ÉDITION ORIGINALE.

791. BRUYÈRES (H^{te}). La Phrénologie. Le Geste et la physionomie démontrés par 120 portraits, sujets et compositions, gravés sur acier. Texte et dessins par H^{te} Bruyères, peintre, beau-fils du docteur Spurzheim. *Paris, Aubert et Cie*, 1847, in-8, demi-rel., bas. bleue, tr. jasp.

> 90 planches représentant 120 sujets.

792. CAHUET (Al.). Affaire Steinheil. Croquis d'audience par P. Renouard, Sabattier, Georges Scott. *Paris, Félix Juven, s. d.* — LÉANDRE (Charles). L'Affaire Humbert. Croquis d'audience. *Ibid., id.*, 1903. — Ens. 2 albums in-4, brochés.

793. CAS DU VIDAME (Le), par l'académicien d'Estampes, illustré par A. Robida. *Paris, Librairie illustrée, s. d.* (1889), pet. in-4, broché.

> Cet exemplaire est enrichi d'une importante AQUARELLE ORIGINALE DE A. ROBIDA, placée en frontispice.

794. CHAM. Mœurs britanniques. *Paris, chez Aubert et Cie, s. d.*, 15 lithographies. — Impressions lithographiques de voyage par MM. Trotman et Cham. *Ibid., id., s. d.*, 20 lithographies. — Ens. 2 albums in-4, dans le cartonnage des éditeurs.

795. CHAMPFLEURY. Les bons contes font les bons amis. Dessins par E. Morin. *Paris, Truchy, s. d.* (1863), in-8, cartonn. illust. (*Rel. de l'éditeur*).

> PREMIER TIRAGE des dessins d'*E. Morin*.

796. CHAMPFLEURY. Les Chats, histoire, mœurs, observations, anecdotes. Illustré de 80 dessins, par Eugène Delacroix, Viollet-le-Duc, Mérimée, Manet, etc. Quatrième édition considérable-

ment augmentée. *Paris, J. Rothschid*, 1870, pet. in-8, broché.

Exemplaire imprimé sur GRAND PAPIER FIN.

797. CHAMPSAUR (Félicien). Pierrot et sa conscience (Dessins de Gorguet). *Paris, E. Dentu, s. d.*, pet. in-8, broché.

Ouvrage orné de bois coloriés.

798. CHAMPSAUR (Félicien). Entrée de clowns. Dessins de Bac, Chéret, Detaille, Mars, Willette. *Paris, Lévy*, 1885. — L'Amant des danseuses. *Paris, Dentu*, 1888. — La Gomme, pièce en trois actes, illustrations de Caran d'Ache, Chéret, Gerbault, Rops, etc., etc. *Ibid., id.*, 1889. — La divine aventure. *Paris, Savine, s. d.* (papier de Hollande). — Ens. 4 vol. in-12, brochés.

799. CHEFS-D'ŒUVRE INCONNUS (De la collection des). *Paris, Librairie des bibliophiles*, 1879-1882, 11 vol. in-12, brochés.

ALEMBERT (d') et GUIBERT (Cte de). Le Tombeau de Mlle de Lespinasse. — BASTIDE (J.-F.). La petite maison. — BRIDARD DE LA GARDE (l'abbé). Les Annales amusantes, 1741. — DUPRÉ D'AULNAY. Les Aventures du faux chevalier de Warwick. — FLEURY, DIT L'ECLUSE. Les Porcherons, poème en sept chants. — LA CHAUSSÉE. Contes et poésies. — MONTESQUIEU. Le Voyage à Paphos. — RESTIF DE LA BRETONNE. Louise et Thérèse. — SAINT-LAMBERT. Contes. — VILLETERQUE (A.-L.). Les Veillées d'un malade. — VOISENON (de). Anecdotes littéraires.
Chaque volume est orné d'une eau-forte par *Ad. Lalauze*.

800. CHERVILLE (G. de). Les Chiens et les chats d'Eugène Lambert, avec une lettre-préface d'Alexandre Dumas, et notes biographiques par Paul Leroi. Ouvrage illustré de 6 eaux-fortes et 145 dessins par Eugène Lambert. *Paris, Librairie de l'Art*, 1888, in-4, broché.

801. CLINCHAMP (Comtesse Berthe de). Chantilly (1485-1897). Les d'Orgemont. Les Montmorency. Les Condé. Le duc d'Aumale. Avec une introduction de M. A. Mézières. *Paris, Hachette et Cie*, 1902, in-4, broché.

Nombreuses illustrations hors texte et dans le texte.

802. COLLECTION DU BIBLIOPHILE FRANÇAIS. *Paris, Bachelin-Deflorenne*, 1864-1868, 12 vol. in-16, brochés.

BERNARD (Thalès). La Lisette de Béranger. Souvenirs intimes. — CLARETIE (Jules). Elisa Mercœur, H. de La Morvonnais, G. Farcy, Ch. Dovalle, Alph. Rabbe. — CLAUDIN (Gust.). Méry ; sa vie intime, anecdotique et littéraire. — DELVAU (A.). Henry Murger et la bohème. Gérard de Nerval. Sa vie et ses œuvres, 2 vol. — FRANCE (Anatole). Alfred de Vigny, étude. — HEILLY (G. d'). Madame de Girardin (Delphine Gay). Sa vie, ses œuvres. — LEBAILLY (Armand). Madame de

Lamartine, Hégésippe Moreau, documents inédits, 2 vol. — Moreau (Hégésippe). Œuvres inédites. — Peigne (J.-Marie). La Mennais ; sa vie intime à La Chenaie. — Poisle Desgranges (J.). Rouget de Lisle et la Marseillaise.

Chaque volume, imprimé sur papier vergé, est orné d'une eau-forte par G. Staal.

803. COLONNA (Francesco). Le Songe de Poliphile ou Hypnérotomachie de frère Francesco Colonna, littéralement traduit pour la première fois, avec une introduction et des notes, par Claudius Popelin, figures sur bois gravées à nouveau par A. Prunaire. *Paris, Is. Liseux*, 1883, 2 vol. in-8, pap. de Holl., brochés.

Tirage à 410 exemplaires.

804. COMIC ALMANACK, années 1838 à 1843, 1845, 1848 et 1851. *London*, 1838-1851, 9 années en 5 vol. in-12, dont 2 dos et coins veau fauve et 3 brochés.

Ces almanachs renferment de nombreuses figures de *Georges Cruickshank*.

805. CORNEILLE. Deuxième centenaire de Pierre Corneille. Illustrations par Jacques Leman. *Rouen, E. Cagniard*, 1884, in-4 broché, étui.

Texte par Gaston Boissier, Liard, Arsène Houssaye, Sully Prud'homme, Ratisbonne, H. de Bornier, etc.
Cet ouvrage est orné de 52 planches, en-têtes, culs-de-lampe, fleurons, fac-simile d'autographes, etc.

806. COSTER (Charles de). Contes brabançons par Charles de Coster. Illustrations de MM. de Groux de Schampheleer, Félicien Rops, Van Camp et Otto von Thoren, gravées par William Brown. *Paris, Michel Lévy*, 1861, in-8, broché.

Edition originale. La couverture est en mauvais état.

807. DARZENS (Rodolphe). L'Amante du Christ, scène évangélique, en vers, représentée au Théâtre libre le 19 octobre 1888 ; préface de E. Ledrain. Frontispice gravé par Félicien Rops. *Paris, A. Lemerre*, 1888, in-8, broché.

Edition originale.
Un des 10 exemplaires imprimés sur papier de Hollande, contenant le frontispice de *Rops*, en trois états : en noir, en bistre et en sanguine.

808. DAUDET (A.). L'Elixir du R. P. Gaucher. Illustration d'après nature de H. Magron. *Paris, Ch. Mendel*, s., d., pet. in-fol., broché.

Un des 75 exemplaires (n° 40) imprimés sur papier vélin a la cuve, contenant un tirage à part sur Chine de toutes les illustrations.

809. DELABORDE (H. François). L'Expédition de Charles VIII en Italie. Histoire diplomatique et militaire. Ouvrage publié sous la direction et avec le concours de M. Paul d'Albert de Luynes et de Chevreuse, duc de Chaulnes, et illustré de 3 photogravures, 2 chromolithographies, 5 planches tirées à part et 138 gravures dans le texte. *Paris, Firmin-Didot et Cie*, 1888, gr. in-8, broché.

810. DELMET (Paul). Chansons de Montmartre. Lithographies de Steinlen. *S. l. n. d.*, in-4, broché

Tirage à 75 exemplaires (n° 19) imprimés sur papier de Hollande, souscrits par M. L. Carteret.

811. DELMET (Paul). Chansons, poésies de G. Auriol, L. Durocher, E. Goudeau, etc. Lithographies de A. Willette. *Paris, Tellier, s. d.* — Nouvelles chansons. Poésies de H. Bernard, G. d'Esparbès, M. Vaucaire, etc. Lithographies de Willette. *Ibid., id., s. d.* — OUDOT (J.). Chansons fin de siècle. Illustrations de Lunel, Forain, Capy, etc. *Paris,* 1891. — Ens. 3 vol. in-4 et in-12, brochés.

812. DELORD (Taxile), CARAGUEL (Clément) et HUART (Louis). Messieurs les Cosaques. Relation charivarique, comique et surtout véridique des hauts faits des Russes en Orient. 100 vignettes par Cham. *Paris, V. Lecou,* 1855, 2 vol. in-12, cartonn. dos et coins toile verte, non rogné (*Couvert.*).

813. DELVAU (Alfred). Histoire anecdotique des cafés et cabarets de Paris, avec dessins et aux-fortes de Gustave Courbet, Léopold Flameng et Félicien Rops. *Paris, E. Dentu,* 1862, in-12, demi rel. chagrin bleu, tête marb., non rogné.

Edition originale.

814. DELVAU (Alfred). Les Cythères parisiennes. Histoire anecdotique des bals de Paris, avec 24 eaux-fortes et un frontispice de Félicien Rops et Emile Thérond. *Paris, E. Dentu,* 1864, in-12, dos et coins, chagrin bleu, tête dor., ébarbé (*Couvert.*).

Edition originale.

815. DELVAU (Alfred). Histoire anecdotique des barrières de Paris ; avec 10 eaux-fortes par Emile Thérond. *Paris, E. Dentu,* 1865, in-12, demi-rel. chagrin bleu, tête marb., ébarbé.

Edition originale.

816. DELVAU (Alfred). Les Heures parisiennes. 25 eaux-fortes

d'Emile Benassit. *Paris, Librairie centrale,* 1866, in-12, demi-rel. chagrin bleu, tête marb., non rogné.

> ÉDITION ORIGINALE.
> Cet exemplaire renferme la figure de Minuit en deux états : couverte et découverte.
> On y joint : *Appendice aux Heures parisiennes. Paris, Librairie centrale,* 1872, in-12, broché.

817. DORÉ (Gustave). La Légende du Juif errant. Compositions et dessins par Gustave Doré, gravés sur bois par F. Rouget, O. Jahyer et J. Gauchard. Poème avec prologue et épilogue par Pierre Dupont. Préface et notice bibliographique par Paul Lacroix, avec la ballade de Béranger mise en musique par Ernest Doré. *Paris, Michel Lévy frères,* 1856, in-fol., cartonn. des éditeurs.

818. DU CHAILLU (Paul) Le Pays du Soleil de minuit. Un hiver en Laponie. Voyages d'été et d'hiver en Suède, en Norvège, en Laponie et dans la Finlande septentrionale. *Paris, Calmann Lévy,* 1882-1884, 2 vol. gr. in-8, brochés.

> Ouvrages ornés d'un grand nombre de vignettes hors texte et dans le texte.

819. ENTRÉE (L') de Henri II, roi de France, à Rouen, au mois d'octobre 1550. Imprimé pour la première fois d'après un manuscrit de la Bibliothèque de Rouen ; orné de 10 planches gravées à l'eau-forte par Louis de Merval, accompagné de notes bibliographiques et historiques par S. de Merval. *Rouen, Imp. de H. Boissel,* 1868, in-4 oblong, broché.

> Ouvrage publié par la Société des bibliophiles normands.
> Un des 100 exemplaires (n° 27) mis dans le commerce, imprimés sur papier vergé.

820. ESCHYLE. L'Orestie, traduction d'Alexis Pierron, avec une préface par Jules Lemaître. Dessins de Rochegrosse, gravés à l'eau-forte par Champollion, 1889. — LONLAY (Eug. de). Anacréon, sa vie et ses œuvres. S. d. — SENAC DE MEILHAN. Une préface aux Annales de Tacite, 1868. — Ens. 3 vol. in-18 et in-16, brochés.

> Publiés par la Librairie des bibliophiles.

821. FARCE DES QUIOLARDS (La), tirée d'un proverbe normand, avec introduction et dix eaux-fortes par Jules Adeline. *Rouen, E. Augé,* 1881, in-4, en feuilles (*Couvert.*).

> Un des 20 exemplaires (n° 20) tirés sur GRAND PAPIER, contenant les eaux-fortes en deux états : en noir sur papier vergé et en bistre sur papier Whatman.

822. FERRAND (Henri). Les montagnes de la Grande-Chartreuse, illustrées d'après nature de 165 gravures en phototypie. *Grenoble, Gratier et Cie*, 1899. — Belledonne et les Sept-Laux. Ouvrage orné de 220 gravures en phototypie. *Ibid., id.*, 1901. — Le Vercors. Ouvrage orné de 125 gravures en phototypie. *Ibid., id.*, 1904. — Le Pays briançonnais, ouvrage orné de 154 gravures en phototypie. *Ibid., id.*, 1909. — Ens. 4 vol. in-4, brochés.

> On y joint un herbier de la flore des Alpes, renfermant 26 types de plantes, sur 26 feuillets de papier, le tout enfermé dans une boîte in-8 oblong, et les deux plaquettes suivantes : DEBRIGES (E.). Les Alpes du Dauphiné. *Paris*, 1885, in-8. — SAINT-PERCURRENS (G.). Souvenirs d'une course de montagne en Dauphiné. Le Mont Saint Eynard. *Vienne*, 1880, in-8.

823. FIELDING. Tom Jones, ou histoire d'un enfant trouvé. Traduction nouvelle et complète, ornée de 12 gravures en taille-douce. *Paris, Imp. de Firmin Didot frères*, 1833, 4 vol. in-8, demi-rel. chagrin La Vall., tr. jasp.

> 12 figures gravées par *de Villiers, Mariage* et *Simonet*, d'après Moreau le jeune.
> On y a ajouté les 4 figures par *A. Johannot*, gravées sur acier.

824. FLAUBERT (Gustave). Madame Bovary, mœurs de province. *Paris, A. Lemerre*, 1874, 2 vol. pet. in-12, brochés.

> On y joint : la suite complète des 7 eaux-fortes de *Boilvin*.

825. FORAIN (J.-L.). Le Fifre, journal hebdomadaire illustré. 15 numéros in-fol.

> Collection complète.

826. FRAGEROLLE (Georges). La Marche à l'étoile, mystère en 10 tableaux ; poème et musique de G. Fragerolle. Dessins de Henri Rivière. *Paris, Marpon et Flammarion, s. d.* — MÉLANDRI (A.). Les Farfadets, conte breton. Illustrations de Henri Rivière. *Paris, A. Quantin*, 1886. — RIVIÈRE (Henri). Tentation de saint Antoine, féerie à grand spectacle en 2 actes et 40 tableaux. Illustrations par Henri Rivière. *Paris, Plon, Nourrit et Cie, s. d.* — Ens. 3 albums in-4, cartonn. des éditeurs.

827. GAUTIER (Théophile). Les Jeunes-France, romans goguenards. Frontispice dessiné et gravé par Félicien Rops. *Sur l'Imprimé de Paris, 1833, Amsterdam, à l'enseigne du Coq (Bruxelles, Poulet-Malassis)*, 1866, in-12, dos et coins mar. La Vall., tête dor., ébarbé.

> Troisième édition tirée en tout à 205 exemplaires.

828. GIRARD (A.). Lettre d'un candidat ou l'entrée à Bibliopolis. *Paris, Imprimé pour A. Girard*, 1896, in-8 carré, broché.

> Tirage unique à 115 exemplaires (n° 107) imprimés sur PAPIER WHATMAN, ornés de 4 eaux-fortes de P. Avril, en 3 états.

829. GUILLAUMET (Gustave). Tableaux algériens. Ouvrage illustré de douze eaux-fortes par Guillaumet, Courtry, Le Rat, etc.., Précédé d'une notice sur la vie et les œuvres de Guillaumet par Eugène Mouton. *Paris, E. Plon*, 1888, gr. in-8, broché.

> Un des 100 exemplaires d'artiste (n° 37) contenant les planches hors texte en trois états : avec la lettre, avant la lettre en noir sur Chine et en sanguine sur vélin.

830. HANNON (Théodore). Rimes de joie, avec une préface de J.-K. Huysmans, un frontispice et trois gravures à l'eau-forte de Félicien Rops. *Bruxelles, Gayet Doucé*, 1881, in-12, broché.

> ÉDITION ORIGINALE.

831. HAVARD (Henry). Amsterdam et Venise. Ouvrage enrichi de sept eaux-fortes par MM. Léopold Flameng et Gaucherel et de cent vingt-quatre gravures sur bois. *Paris, E. Plon et Cie*, 1876, gr. in-8, broché.

832. HENNIQUE (Léon) et HUYSMANS (J.-K.). Pierrot sceptique, pantomime. *Paris, Ed. Rouveyre*, 1881, in-8, broché.

> Un des 46 exemplaires (n° 17) imprimés sur PAPIER DU JAPON, orné d'un frontispice et de 3 dessins hors texte.

833. HOLBEIN. La Danse des morts dessinée par Hans Holbein, gravée sur pierre par Joseph Schlotthauer, expliquée par Hippolyte Fortoul. *Paris, Labitte*, s. d. (1842), in-16 carré, dos et coins chagrin bleu, ébarbé.

> Ouvrage orné de 53 figures hors texte, tirées sur Chine et montées sur papier teinté.

834. HOMÈRE. Iliade, traduction nouvelle, accompagnée de notes, d'explications et de commentaires, et précédée d'une introduction par Eug. Bareste, illustrée par MM. A. Titeux et A. De Lemud. *Paris, Lavigne*, 1843. — Odyssée, traduction nouvelle..... illustrée par MM. Devilly et A. Titeux. *Ibid., id.*, 1842, 2 vol. in-8, demi-rel. chagrin vert et rouge, tr. jasp.

> PREMIER TIRAGE.
> Taches de rousseur.

835. JANIN (Jules). La Normandie, illustrée par MM. Morel Fatio, Tellier, Gigoux, Daubigny, Debon, H. Bellangé, A. Johan-

not. *Paris, Ernest Bourdin, s. d.* (1843), gr. in-8. — Pitre-Chevalier. La Bretagne ancienne et moderne, illustrée par MM. Leleux, Penguilly, T. Johannot. *Paris, Coquebert, s. d.* (1824). — Ens. 2 vol. in-8, dont un dans le cartonn. toile de l'éditeur, et l'autre demi-rel. chagrin violet de l'époque, tr. jasp.

<small>Premier tirage.
Exemplaires fatigués.
La planche « Cathédrale de Nantes » manque à l'ouvrage de Pitre-Chevalier.</small>

836. JERROLD (Blanchard). The Life of George Cruikshank, with numerous illustrations. *London, Chatto and Windus*, 1882, 2 vol. — Le Pileur (L.). Les Étapes d'une courtisane anglaise au xviii° siècle, d'après les six compositions de W. Hogarth. Orné de 6 gravures en fac-similé. *Paris, Goujy,* 1905. — Scharf (George). Description of the Wilton house diptych, containing a contemporary portrait of king Richard the second. *London,* 1882. — Ens. 4 vol. gr. in-8 et in-8, dont 2 cartonnés et 2 brochés.

837. JOB. Les Épées de France. *Paris, H. Geffroy, s. d.*, in-4, oblong, cartonn. dos et coins toile rouge.

<small>Un des 30 exemplaires (n° 16) imprimés sur papier du Japon.</small>

838. JOINVILLE (Prince de). Vieux souvenirs, 1818-1848. *Paris, Calmann Lévy,* 1894, gr. in-8, broché.

<small>Ouvrage orné de vignettes dans le texte, gravées sur bois et de 32 planches hors texte en photogravure.</small>

839. JULLIEN (Adolphe). Hector Berlioz, sa vie et ses œuvres. Ouvrage orné de 14 lithographies originales par M. Fantin-Latour, de 12 portraits de Hector Berlioz, de 3 planches hors texte et de 122 gravures, scènes théâtrales, caricatures, portraits d'artistes, autographes, etc. *Paris, Librairie de l'Art,* 1888, gr. in-8, demi-rel. mar. rouge, tête dor., ébarbé.

840. KEENE (Charles). 400 Pictures of our people. Sketches from "Punch" by Charles Keene. *London, Bradbury and C°. S. d.*, in-fol., cartonn. toile rouge, tr. dor. (*Cartonn. des éditeurs*).

<small>Figures gravées sur bois par *Joseph Swain* sur les dessins de *Keene*.</small>

841. LA FONTAINE. Contes et nouvelles en vers. *A Paris, Leclère fils,* 1861, 2 vol., 29 vignettes par Duplessis-Bertaux. — Morel de Vindé. Primerose. *Ibid , id.,* 1863, 1 vol., frontispice et 5 figures par Le Febvre, gravés par Godefroy, épreuves avant la lettre. — Contes et nouvelles en vers par Voltaire, Vergier, Sé-

nécé, Perrault, Moncrif, et le P. Ducerceau. *Ibid., id.*, 1862, 2 vol., 21 vignettes par Duplessis-Bertaux. — Swift. Voyages de Gulliver. *Ibid., id.*, 1860, 4 vol., 10 figures par Lefebvre, gravées par Masquelier. — Voltaire. La Pucelle d'Orléans, poème en 21 chants. Édition ornée de figures gravées par Duplessis-Berteaux. *Ibid., id.*, 1865, 2 vol. — Ens. 11 vol. pet. in-8 et in-12, brochés.

Tous ces ouvrages ont été tirés à petit nombre.

842. LA MÉSANGÈRE. Les petits mémoires de Paris. Les coulisses de l'amour. — Rues et intérieurs. — Le carnet d'un suiveur. — Les petits métiers. — Les nuits de Paris. — Toutes les bohêmes. *A Paris, chez Dorbon l'aîné,* 1908-1909, 4 vol. in-16, brochés.

Un des 50 exemplaires (n° 1) imprimés sur papier du Japon, contenant les eaux-fortes de *Henri Boutet*, en deux états : avant et avec la lettre.

843. LANCE (Adolphe). Excursion en Italie. Aix-les-Bains, Chambéry, Turin, Novare, Milan, Brescia, Vérone, Padoue, Venise, Murano... 15 eaux-fortes par Léon Gaucherel. *Publié à Paris, par Vve Morel et Cie,* 1873, in-8, broché.

Tirage à 500 exemplaires sur papier de Hollande.

844. LECANU (A.). Chez Victor-Hugo par un passant (A. Lecanu). Avec 12 eaux-fortes par M. Maxime Lalanne. *Paris, Cadart et Luquet,* 1864, in-8, broché.

845. LIVRE MIGNARD ou la Fleur des fabliaux. *Paris, J. Techener, s. d.* (1826), pet. in-12, dos et coins mar. vert, ébarbé.

Orné d'un titre et de 6 planches hors texte, gravées par *Rouargue*.

846. LIVRES ILLUSTRÉS CONTEMPORAINS. 5 vol. in-4, cartonnés et brochés.

Claretie (Jules). L'affaire Clémenceau peinte et illustrée. *Paris, Gazette des Beaux-Arts,* 1880. — Douze mois (Les) de 1889. *Paris, Lahure,* 1889, illustrations en couleurs. — Filles Sainte Marie (Les), ronde. Dessins de F. Régamey, paroles de Emile Blémont, musique de Alma Rouch. *Paris, A. Quantin, s. d.* — Kipling (Rudyard). Histoires comme ça. Trad. R. d'Humières et L. Fabulet. Illustrations de Rudyard Kipling. *Paris, Delagrave, s. d.* — Tin-Tun-Ling. La petite pantoufle, trad. de M. Ch. Aubert, avec 6 eaux-fortes originales reproduites par F. Chevalier. *Paris, Librairie de l'eau-forte, s. d.*

847. LIVRES ILLUSTRÉS CONTEMPORAINS. 8 vol. in-8 et in-12, brochés.

Fleurichamp (Jules). Queue d'oseille. Souvenirs de jeunesse. Dessins par Amable de La Foulhouze. *Lemerre*, 1878. — LEFÈVRE (Maurice), Scaramouche, conte suivi de l'argument du ballet. *Ollendorff*, 1891, dessins de Gillot. — MAGNIER (Maurice). La Danseuse. Illustrations de Guillaumot fils. *Marpon et Flammarion*, 1885. — PELADAN (Joséphin). Femmes honnêtes, frontispice de Knopff et 12 compositions de José Roy. *Dalou*, 1888. — RICHARD (Ch.). Le Pasteur de carpes. La Princesse Vatanabé. Illustrations en couleurs. *Marpon et Flammarion*, 1885. — STA (H. de). La chanson du colonel. *Vanier*, 1882. — VIGNON (Claude). Vingt jours en Espagne. *Monnier et Cie*, 1885.

848. LIVRES ILLUSTRÉS DU XIXe SIÈCLE en premier tirage. 4 vol. pet. in-8 et in-12, dont 2 brochés et 2 demi-rel. chagrin rouge et bleu.

CORMENIN (de). Entretiens de village, illustré de 40 gravures dessinées par H. Daubigny, gravées par Mlles Laisné. *Paris, Pagnerre*, 1847. — HUART (Louis). Paris au bal. 50 vignettes par Cham (de N.). *Paris, Aubert et Cie*, s. d. (1845). — LAFON MARY. La Dame de Bourbon. Dessins de E. Morin, gravés par H. Linton. *Paris, Librairie nouvelle*, 1860. — LASALLE (A. de). L'Hôtel des haricots, maison d'arrêt de la garde nationale de Paris. 70 dessins par Edmond Morin. *Paris, Dentu*, s. d. (1864).

849. LIVRES ILLUSTRÉS DU XIXe SIÈCLE. 5 vol. gr. in-8 et in-12 dont 1 cartonn. toile grise et 4 brochés.

CHAM. Le salon de 1865, photographié par Cham. *Paris*, 1865. — GAVARNI. Les Toquades. Etude de mœurs par Ch. de Bussy. *Paris, Martinon*, s. d. — JANIN (J). Voyage de Paris à la mer illustré de 90 vignettes par Morel-Fatio et Daubigny. *Paris, Bourdin*, s. d. (1845), une carte et une figure manquent. La couverture s'y trouve. — TÖPFFER. Les Amours de M. Vieux-Bois. *Genève*, 1839. — TOURREIL (L. de). Panorama des enfans. La Morale, la religion, la science et les arts mis à la portée des enfans. *Paris, Fischer et C°*, s. d., 6 figures gravées sur acier.

850. LUCIEN. Dialogues des courtisanes. Traduction et notices par A.-J. Pons ; illustrations par H. Scott et F. Méaulle. *Paris, A. Quantin*, 1881. — OVIDE. Les Amours ; traduction du comte de Séguier ; gravures de Méaulle, dessins de Meyer. *Ibid., id.*, 1879. — Ens. 2 vol. in-18, brochés.

Volumes rares de la « *Collection antique* ».

851. MARTIAL(P.). Paris en 1867 [Exposition universelle]. S. l. n. d. [*Imp. Beillet*], in-8, dos et coins chag. rouge, non rogné.

48 planches gravées à l'eau-forte avec texte également gravé.

852. MARTIN (Alexis). Le Bibliophile amoureux, pochade en un acte en vers, représentée le 13 avril 1866 chez Aglaüs Bouvenne sur un théâtre de Guignol ; illustré par Edmond Morin, Jules Jacquemart et K. Fichot fils. *Paris*, 1866, in-8, broché.

Tiré à 30 exemplaires, distribués aux amis de l'auteur qui en a lui-même autographié le texte. Cette plaquette est ornée de 3 planches hors texte, gravées à l'eau-forte.

853. **MENUS ET PROGRAMMES.** Diners des Cent bibliophiles, de l'Estampe nouvelle, de la Société des Amis des livres, du Cercle artistique et littéraire, etc. 45 pièces diverses.

>Menus illustrés par *Malo Renault, R. Canal, Chahine, P. Vidal, François Courboin, Hanriot, Vibert, Léon Carré, Luc-Olivier Merson,* etc. Quelques pièces sont en deux états.

854. **MENZEL** (Adolph). Aus König Friedrich's Zeit. Kriegs- und Friedens-Helden gezeichnet Von Adolph Menzel, in Holz geschnitten von Eduard Kretzschmar. *Berlin, Alex. Duncker,* 1856, in-fol., dos et coins mar. rouge, tête dor., ébarbé.

>Ouvrage orné de 12 portraits gravés sur bois, tirés sur Chine.

855. **MEUSY** (Victor). Chansons d'hier et d'aujourd'hui. Préface de Coquelin Cadet. Illustrations de Rapp, Joanon-Mairer, etc. *Paris, Librairie documentaire,* 1889, in-8 carré, broché.

856. **MICHEL** (Émile). La Forêt de Fontainebleau dans la nature, dans l'histoire, dans la littérature et dans l'art. *Paris, H. Laurens,* 1909, in-8, broché.

>Ouvrage illustré de 32 planches hors texte et d'une carte de la forêt.

857. **MICHELET** (J.). Jeanne d'Arc (1412-1432), avec dix eaux-fortes de Boilvin, Boulard, Champollion, Courtry, Géry-Bichard, Milius et Monziès, d'après les dessins de Bida. *Paris, Hachette et C*^{ie}, 1888, in-8, en feuilles, dans le cartonn. de publication.

>Un des 25 exemplaires (n° 12) imprimés sur PAPIER DU JAPON, contenant les eaux-fortes en deux états : AVANT et avec la lettre.

858. **MINUTES PARISIENNES** (Les). Midi ; le déjeuner des petites ouvrières, par G. Montorgueil. — Deux heures ; la Cité et l'île Saint-Louis par Gustave Geffroy. Illustrations de Auguste Lepère. *Paris, Ollendorff,* 1899, 2 vol. in-16, brochés.

>Exemplaires imprimés sur PAPIER DE CHINE.

859. **MONNIER** (Henry). Scènes populaires dessinées à la plume. Nouvelle édition. *Paris, E. Dentu,* 1879, 2 vol. in-8, brochés.

>Nombreuses figures dans le texte gravées sur bois.

860. **MONTBARD** (G.). A travers le Maroc. Notes et croquis d'un artiste. *Paris, Librairie illustrée, s. d.,* gr. in-8, broché.

>Nombreuses illustrations dans le texte et hors texte.

861. **MONTGAILLARD** (Abbé de). Réunion d'un portrait de

Montgaillard et de 86 figures par Tony Johannot, Raffet, Wattier, gravées par Voyez, Chaillot, Monnin, etc., pour l'histoire de France depuis la fin du règne de Louis XVI jusqu'en 1825. *Paris, Moutardier et Perrotin*, 1832, en 1 vol. in-4, cartonn. dos et coins toile rouge.

<blockquote>On y joint : un portrait du duc de Bourgogne par *Frédon*, gravé par *Beauvarlet*.</blockquote>

862. MORIN (Louis). Histoires d'autrefois. Jeannik. 87 dessins de l'auteur. *Paris, Librairie illustrée*, 1885. — Le Cabaret du puits-sans-vin. 95 dessins de l'auteur. *Ibid., id.*, 1885. — Ens. 2 vol. in-8, brochés.

863. NISARD (Désiré). Promenades d'un artiste. Bords du Rhin, Hollande, Belgique ; avec 26 gravures d'après Stanfield et Turner. *Paris, Jules Renouard, s. d.* (1835), in-8, demi-rel. chagrin bleu, dos orné, ébarbé *(Rel. de l'époque).*

864. NODIER (Charles). Promenade de Dieppe aux montagnes d'Ecosse. *A Paris, chez Barba*, 1821, 3 planches coloriées et une carte. — La Seine et ses bords. Vignettes par Marville et Foussereau, publiés par M. A. Mure de Pelanne. *Paris, au bureau de la publication*, 1836. — Franciscus Columna, dernière nouvelle de Ch. Nodier, extraite du Bulletin de l'Ami des arts, et précédée d'une notice par Jules Janin. *Paris, J. Techener*, 1844. — Ens. 3 vol. in-8 et in-12, demi-rel. veau bleu, demi-veau rouge et dos et coins mar. rouge.

<blockquote>ÉDITIONS ORIGINALES.</blockquote>

865. NOUVELLES A L'EAU-FORTE, par la Société « Les Têtes de Bois ». Cinq eaux-fortes par A. Besnus, H.-E. Delacroix, J. Garnier et E. Morand. *Paris, A. Lemerre*, 1880, in-12, broché.

<blockquote>Un des 10 exemplaires imprimés sur PAPIER DE CHINE, contenant les eaux-fortes en deux états : en noir et en bistre.
Texte par Louis Lande, H. de Beaulieu, A. Descubes, Jules Garnier, E. Moreau, etc.</blockquote>

866. PERNOT (F.-A.). Vues pittoresques de l'Ecosse, dessinées d'après nature par F.-A. Pernot ; lithographiés par Bonington, David, Deroi, Enfantin, Francia, etc., ornées de 12 vignettes d'après les dessins de Delaroche jeune et Eugène Lami ; avec un texte explicatif extrait en grande partie des ouvrages de sir Walter Scott, par Am. Pichot. *Paris, Ch. Gosselin et Lami Denozan*, 1826, in-4, demi-rel. bas. verte, tr. jasp. *(Rel. de l'époque).*

<blockquote>60 vues lithographiées.
On y joint : GUIDE PITTORESQUE du voyageur en Ecosse orné de 120</blockquote>

vues représentant les principaux édifices, les curiosités naturelles, les châteaux remarquables et tous les lieux cités par Walter Scott par les auteurs du Guide pittoresque du voyageur en France [par Girault de Saint-Fargeau]. *Paris, Firmin Didot*, 1838, in-8, orné de 119 [sur 120] vues gravées sur acier, demi-rel. veau bleu, dos orné, tr. jasp. (*Messier*).

867. PHILIPON (Charles) et HUART (Louis). Parodie du Juif Errant, complainte constitutionnelle en dix parties. 300 vignettes par Cham (de N... oé). *Paris, Aubert et Cie, s. d.*, (1844), in-12, demi-rel. mar. vert, tête dor., non rogné.

868. PIGUET (Rodolphe), Promenades artistiques au Village Suisse. Suite de 25 eaux-fortes et pointes-sèches. *S. l. n. d.*, 1896, gr. in-8, en feuilles, dans un carton.

    Suite publiée à l'occasion de l'exposition nationale suisse. Genève, 1896.
    Cet exemplaire est au nom de M. Léon Manchon.

869. PIROUETTE [COQUELIN (Ernest)]. Le Livre des Convalescents. Dessins de Henri Pille. *Paris, Tresse*, 1880, in-12, broché.

    EDITION ORIGINALE.
    Un des quelques exemplaires imprimés sur PAPIER DE CHINE.

870. POPE (A.). The Rape of the lock, an heroi-comical poem in five cantos, written by Alexander Pope; embroidered with nine drawings by Aubrey Beardsley. *London, Leonard Smithers*, 1896. — GASKIN (A. J.). Good King Wenceslas, a carol written and picture. *Birmingham*, 1895. Ens. 2 vol. in-4, cartonnés.

871. PROPOS DE TABLE (Les) de la vieille Alsace, illustrés tout au long de dessins originaux des anciens maîtres alsaciens. Œuvre de réconfort ajustée à l'heure présente, traduite, annotée et enrichie de compositions nouvelles par Emile Reiber. *Imprimé à Paris par R. Engelmann, se vend chez H. Launette*, 1886, in-4, broché.

    Exemplaire sur papier des Vosges.

872. PROSPECTUS ILLUSTRÉS d'ouvrages publiés par : Piazza et Cie, Ch. Meunier, Ed. Pelletan, A Ferroud, A. Romagnol, L. Conquet, etc. etc. 74 pièces de divers formats.

    On y joint une affiche de *Chéret*, pour la librairie Sagot. en 2 feuilles très gr. in-fol.

873. REGNARD (J.-F.) Voyage de Normandie. Préface par G.

Bourbon. Illustrations de Ch. Denet. *Evreux, Imp. de Ch. Hérissey*, 1883, pet. in-16, broché.

> Orné de 5 vignettes gravées à l'eau-forte en couleurs, dont une hors texte.
> Tirage à 300 exemplaires sur PAPIER DU JAPON.

874. ROBIDA (A.). Les vieilles villes d'Italie, de Suisse et d'Espagne. Notes et souvenirs. *Paris, M. Dreyfous*, 1878-1880, 3 vol. in-8, brochés.

> Ouvrages illustrés de dessins à la plume par *A. Robida*, reproduits en fac-similé.

875. SARCEY (F.). Comédiens et comédiennes. Comédie française. Théâtres divers. Notices par F. Sarcey. Portraits d'artistes gravés à l'eau-forte par L. Gaucherel et Ad. Lalauze. *Paris, Lib. des bibliophiles*, 1876-1884, 2 vol. in-8, dos et coins mar. rouge, tête dor. (*R. Petit*).

> Un des 50 exemplaires imprimés sur PAPIER de HOLLANDE, contenant les gravures hors texte en épreuves AVANT la lettre.

876. SECOND (Albéric). Les petits Mystères de l'Opéra. Illustrations par Gavarni. *Paris, G. Kugelmann, Bernard-Latte*, 1844, in-8, broché.

> PREMIER TIRAGE.

877. SILVESTRE (Armand), THOMÉ (Francis), CHÉRET (Jules). La Fée du rocher, ballet-pantomime en 2 actes et 6 tableaux. *Paris, L. Conquet*, 1894, pet. in-fol., monté sur onglets, cartonn. dos et coins toile verte, couvert. (*Carayon*).

> Illustrations en couleurs par *J. Chéret*.
> Edition tirée à 100 exemplaires.

878. SYMONS (Arthur). Aubrey Beardsley, traduit par Jack Cohen, Ed. et L. Thomas. *Paris, Floury*, 1906, pet. in-4, cartonn. de l'éditeur.

> Orné d'un portrait et de 28 reproductions hors texte de gravures sur bois.

879. TAINE (H.) Voyage aux eaux des Pyrénées. Illustré de 65 vignettes sur bois par G. Doré. *Paris, Hachette et Cie*, 1855, in-12, broché (*Couvert.*).

> PREMIER TIRAGE des figures de G. Doré.

880. VAUCAIRE (Maurice). Le Carnaval de Venise, deux tableaux en vers. Illustrations originales de Louis Morin. *Paris, Imprimé pour l'auteur*, 1891, in-8, de 17 pp., broché.

> Cette plaquette, sur papier du Japon, tirée à 50 exemplaires seulement est enrichie de 5 AQUARELLES ORIGINALES de LOUIS MORIN.

881. VUILLIER (Gaston). Les Iles oubliées. Les Baléares. La Corse et la Sardaigne. Impressions de voyages, illustrées par l'auteur. *Paris, Hachette et Cie*, 1893, in-4, dos et coins chag. La Vall., tr. dor. (*Rel. des éditeurs*).

Nombreuses illustrations hors texte et dans le texte.

882. WALLON (H.). Jeanne d'Arc. Édition illustrée d'après les monuments de l'art depuis le xve siècle jusqu'à nos jours. *Paris, Firmin Didot et Cie*, 1876, gr. in-8, broché.

Ouvrage illustré de 14 chromolithographies et 200 gravures sur bois.

883. WEY (Francis). Rome ; description et souvenirs. Ouvrage contenant 358 gravures sur bois dessinées par nos plus célèbres artistes et un plan. Troisième édition revue et corrigée, augmentée d'un voyage à Rome en 1874, et suivie d'un index général analytique. *Paris, Hachette et Cie*, 1875, in-4, demi-rel. mar. rouge, plats toile, fers spéciaux, tr. dor. (*Rel. des éditeurs*).

884. XANROF (Léon). Chansons sans-gêne. Couverture de Georges Cain, illustrations de T. Saint-Maurice, dessins hors texte de Bombled, Capy, Sonnier, etc. *Paris, G. Oudet*, 1890, in-12, broché.

Un des 25 exemplaires (n° 13) imprimés sur PAPIER DU JAPON. Signature de Xanrof sur le faux-titre.

IV. — LIVRES MODERNES
DANS TOUS LES GENRES
BIBLIOGRAPHIE

885. ACADÉMIE DES BIBLIOPHILES (Publications de l'). 10 vol. in-32, papier de Hollande, brochés.

> CATON. Distiques moraux, trad. nouvelle par V^{or} Develay, 1868. — ERASME. La Fille ennemie du mariage et repentante, le Congrès des femmes, le mariage, l'amant et la maîtresse. Trad. nouvelle par V^{or} Develay, 1867-1870, 4 vol. — JANIN (Jules). Le Bréviaire du roi de Prusse, 1868. — LACOUR (Louis). La Louange des vieux soudards, 1868. — SECOND (Jean). Julie et les baisers, trad. nouvelle par V^{or} Develay, 1866-1869, 2 vol. — SÉNÈQUE. Apocoloquintose, facétie sur la mort de l'empereur Claude, trad. nouvelle de V^{or} Develay, 1867.

886. AJALBERT (Jean). Sur les Talus, poème, avec un dessin de Paul Signac. *Paris, Léon Vanier*, 1887, in-8, broché.

> Tirage à 51 exemplaires (n° 22) sur papier de Hollande.
> Envoi autographe de l'auteur à Paul Bonnetain, sur le faux-titre.

887. ALPES (Ouvrages relatifs aux). 9 vol. in-4 et in-8, dont 1 broché et 8 rel. veau marb., demi-rel. mar. vert et bleu.

> BOURRIT. Nouvelle description des glacières, vallées de glace et glaciers qui forment la grande chaîne des Alpes de Savoye, de Suisse et d'Italie. *A Genève*, 1787, 3 vol. ornés de vues gravées. — BOURRIT. Description des cols, ou passages des Alpes. *A Genève*, 1803. — GRANDJEAN (Maurice). A travers les Alpes autrichiennes. *Tours, Mame et fils*, 1893, nombreuses figures. — TASTU (Mme Amable), FOA (Eugénie), etc. Alpes et Pyrénées. Arabesques littéraires composées de nouvelles historiques, anecdotes, etc. *Paris*, 1842. — TSCHUDI (F. de). Le Monde des Alpes, ou description pittoresque des montagnes de la Suisse et particulièrement des animaux qui les peuplent. Trad. de l'allemand par O. Bourrit. *Genève*, 1858, 3 vol.

888. ASCENSIONS DE MONTAGNES (Ouvrages relatifs aux). 13 vol. et plaquettes in-8 et in-12, brochés.

> CADIER (Les frères). Au pays des isards. *Osse*, 1903, 2 vol. illustrés. — CASELLA (Georges). Le Vertige des cimes. *Paris, Ollendorff*, 1907. — DANS LA VALLÉE D'AOSTE. Album d'un alpiniste. *Biella*, 1880, nombreuses lithographies. — Der Monte-Rosa. *Wien*, 1824. — JAVELLE (E.). Souvenirs d'un alpiniste. *Lausanne*, 1897. — LEQUEUTRE (A.). Cévennes et Vivarais. Du Mont Lozère à l'Aigoual et au bois de Païolive. *Paris*, 1880. — LEFÉBURE (Ch.). Mes Etapes d'alpinisme. *Paris*, 1904, illustré. — MAQUET (Maurice). Ascensions dans le Valais. *Lille*, 1899. — REY (Guido). Le Mont Cervin. *Paris, Hachette et Cie*, 1906, 16 gravures. — WHYMPER (Edward). Scrambles amongst the Alps in the years 1860-1869. *London, Murray*, 1871, carte et illustrations. — ZURCHER et MARGOLLÉ. Les Ascensions célèbres aux plus hautes montagnes du globe. *Paris, Hachette et Cie*, 1867, 75 vignettes. — ZERMAT et l'ascension du Mont-Rose par F. T. *Suisse*, 1860.

889. ASSELINEAU (Charles). Charles Baudelaire. Sa vie et son œuvre. *Paris, Lemerre*, 1869, portrait. — CHARAVAY (Etienne). A. de Vigny et Charles Baudelaire, candidats à l'Académie française. *Paris, Charavay*, 1879, portrait. — LA FIZELIÈRE (A. de) et DECAUX (G.). Charles Baudelaire. *Paris, Académie des bibliophiles*, 1868. — Ens. 3 vol. in-12, brochés.

890. AUMALE (Le duc d'). Notice sur le manuscrit des œuvres poétiques de Vatel. *Chantilly*, 1881, in-fol. en feuilles, dans un carton.

891. AUMALE (Ouvrages relatifs au duc d'). 6 vol. et plaquettes in-8 et in-12, brochés.

> CORRESPONDANCE du duc d'Aumale et de Cuvillier-Fleury, 1840 à 1859. *Paris, Plon*, 1910, 2 vol. avec 2 portraits. — CUVILLIER-FLEURY. Marie-Caroline Auguste de Bourbon, duchesse d'Aumale. 1822-1869. *Paris*, 1870, portrait. — PAILLET (Eugène). Le Duc d'Aumale bibliophile. S. A. R. Henri d'Orléans, duc d'Aumale, chez les Amis des livres. *Paris, Imp. pour les Amis des livres*, 1898. — PICOT (Georges). M. le duc d'Aumale. Notice historique. *Paris, Hachette*, 1898. — Le Duc d'Aumale, prince, soldat. Un grand seigneur au XIXe siècle. *Tours, Mame et fils, s. d.*

892. BALZAC (H. de). Œuvres complètes. *Paris, Alex. Houssiaux*, 1855, 20 vol. in-8, figures, demi-rel. chagrin bleu, tr. jasp.

893. BANVILLE (Théodore de). Contes pour les femmes, avec un dessin de Georges Rochegrosse. *Paris, Charpentier*, 1881, in-12, broché.

> EDITION ORIGINALE.
> Un des 50 exemplaires (n° 33) imprimés sur PAPIER DE HOLLANDE.
> On y joint : BANVILLE (Th. de). Camées parisiens. *Paris, Pincebourde*, 1866, 2 vol. in-16, brochés (EDIT. ORIG.).

894. BARBEY D'AURÉVILLY (J.). Pensées détachées. Fragments sur les femmes. *Paris, Alph. Lemerre*, 1889, in-12, broché.

> ÉDITION ORIGINALE.
> Exemplaire imprimé sur PAPIER DE CHINE. Sur le faux-titre, envoi autographe de l'auteur à Paul Bonnetain.
> On y joint : BARBEY D'AURÉVILLY. Memoranda. Préface de Paul Bourget. *Paris, Rouveyre et Blond*, 1883, in-12, portrait, broché.

895. BARRAL (Georges). Missel de l'amour expérimental, précédé d'un discours préliminaire suivi d'un lexique. *Paris, Marpon et Flammarion*, 1884. — GUYOT (Dr Jules). Bréviaire de l'amour expérimental; méditations sur le mariage selon la physiologie du genre humain. *Ibid., id.*, 1882. — MENDÈS (Catulle). Le Fin du fin, ou conseils à un jeune homme qui se destine à l'amour. *Ibid., id.*, 1885. — Ens. 3 vol. in-32, brochés.

896. BASCHET (Armand). Le Roi chez la reine, ou histoire secrète du mariage de Louis XIII et d'Anne d'Autriche, d'après le journal de la santé du roi, les dépêches du nonce et autres pièces d'état. *Paris, Aubry*, 1864, in-8, broché.

> PREMIÈRE ÉDITION, tirée à petit nombre sur papier vélin.

897. BAUDELAIRE (Charles). Théophile Gautier. Notice littéraire, précédée d'une lettre de Victor Hugo. *Paris, Poulet-Malassis et de Broise,* 1859, in-12, frontispice-portrait, gravé à l'eau-forte par E. Thérond, broché.

> ÉDITION ORIGINALE.

898. BAUDELAIRE (Charles). Les Paradis artificiels. Opium et haschisch. *Paris, Poulet-Malassis et de Broise*, 1861, in-12, demi-rel. mar. bleu, tête dor., non rogné.

> Édition originale de 1860 avec un nouveau titre.

899. BEAUCLAIR (Henri). Le Pantalon de madame Desnon. *Tresse et Stock*, 1886. — DEBRIT (Marc). Croquis à la plume. Vignettes par A. Du Mont. *Genève, Georg*, 1876. — HENNIQUE (Léon). Deux nouvelles, portrait de Michiels. *Bruxelles, Kistemaeckers*, 1881. — HENNIQUE (Léon). Pœuf. *Tresse et Stock*, 1887. — FRÈRE (Samuel). Maman Jean. *Ollendorff*, 1891. — ZORRILLA. Don Juan Tenorio. Trad. nouvelle par H. de Curzon. *Fischbacher, s. d.* — Ens. 6 vol. pet. in-16, brochés.

900. BEAUMARCHAIS. Théâtre complet. Réimpression des éditions princeps avec les variantes des manuscrits originaux publiées pour la première fois par G. d'Heylli et F. de Marescot.

Paris, Académie des Bibliophiles, 1869-1871, 4 vol. in-8, brochés.

Exemplaire (n° 45) imprimé sur papier vergé.

901. **BIBLIOTHÈQUE ORIGINALE.** *Paris, chez René Pincebourde*, 1864-1866, 8 vol. in-16, brochés.

CAILLOT-DUVAL. Les Mystifications. Introduction et éclaircissements par Lorédan Larchey, 1864. — CLARETIE (Jules). Petrus Borel le Lycanthrope. Sa vie, ses écrits, sa correspondance ; poésies et documents inédits, 1865. — CORRESPONDANCE intime de l'armée d'Egypte interceptée par la croisière anglaise. Introduction et notes par Lorédan Larchey, 1866. — DU NOYER (Mme). L'Histoire du sieur abbé-comte de Bucquoy, singulièrement son évasion du For-l'Evêque et de la Bastille, 1866. — LITTRÉ (E.). La Vérité sur la mort d'Alexandre le Grand. — La Mort de Jules César par Nicolas de Damas, 1865. — MONSELET (Charles). Fréron ou l'illustre critique. Sa vie, ses écrits, sa correspondance, sa famille, etc., 1864. — JANIN (Jules). Béranger et son temps, 1866, 2 vol.

Exemplaires imprimés sur PAPIER CHAMOIS, contenant les frontispices en 3 états : en noir, en bistre et en sanguine.

902. **BLESSEBOIS** (P. Corneille). Œuvres satyriques. Le Rut ou la pudeur éteinte. — L'Almanach des belles pour l'année 1676. *Leyde*, 1676-1866, in-12, frontispice sur Chine volant, broché.

Tiré à 204 exemplaires.

903. **BLONDEAU** (Nicolas). Dictionnaire érotique latin-français. Edité pour la première fois sur le manuscrit original avec des notes et additions de François Noël, précédé d'un essai sur la langue érotique, par le traducteur du manuel d'érotologie de Forberg. *Paris, Is. Liseux*, 1885, in-8, broché.

Tirage à 175 exemplaires (n° 140) sur papier de Hollande.

904. **BOISSIEU** (Alphonse de). Ainay, son autel, son amphithéâtre, ses martyrs. *A Lyon, chez N. Scheuring*, 1864, in-8, cartonné, non rogné.

Illustrations dans le texte et hors texte.

905. **BONNETAIN** (Paul). Autour de la caserne. *Paris, Victor-Havard*, 1885. — Amours nomades. *Paris, Charpentier*, 1888. — Ens. 2 vol. in-12, brochés.

ÉDITIONS ORIGINALES.
Le premier ouvrage est imprimé sur PAPIER DE HOLLANDE, et le second est un des 6 exemplaires sur JAPON.

906. **BOURGET** (Paul). Les Détours du cœur. — Les deux sœurs ; le cœur et le métier. — La Dame qui a perdu son pein-

tre. — Sensations d'Italie. *Paris, Plon-Nourrit et C*^{ie}*, s. d.* — Ens. 4 vol. in-12, brochés.

ÉDITIONS ORIGINALES, sauf pour les *Sensations d'Italie.*

907. BOUTELLEAU (Georges). Le Vitrail. *Paris, Alph. Lemerre,* 1887, in-12, cartonn., parchemin blanc à recouv. (*Couvert.*).

ÉDITION ORIGINALE.
Un des quelques exemplaires imprimés sur PAPIER DE HOLLANDE.
Exemplaire contenant un envoi autographe de l'auteur à Philippe Burty et auquel on a ajouté une IMPORTANTE AQUARELLE ORIGINALE de FÉLIX BUHOT, servant de frontispice.

908. BULAU (Frédéric). Personnages énigmatiques. Histoires mystérieuses ; événements peu ou mal connus, traduit de l'allemand, par W. Duckett. *Paris, Poulet-Malassis et de Broise,* 1861, 3 vol. in-12, cartonnés, non rognés.

909. BULLANDRE, Le Lièvre de Simon de Bullandre, prieur de Milly en Beauvoisis. A très noble et très-docte seigneur, Jean de Boufflers escuyer, sieur de Lyesse. *A Paris, de l'Imp. de Pierre Chevillot,* 1585 (*Lyon, Louis Perrin,* 1866), in-4. — CENT CINQ RONDEAULX D'AMOUR, publiés d'après un manuscrit du commencement du XVIe siècle par Edwin Tross. *Paris, Tross,* 1863, in-12 réglé. — ELLAIN (Nicolas). Les Œuvres poétiques françoises de Nicolas Ellain, parisien (1561-1570), publiées par Ach. Genty. *Paris, Poulet-Malassis,* 1861, in-12. — Ens. 3 vol. brochés.

910. BURTY (Philippe). Pas de lendemain. *A Paris, chez l'auteur,* 1869, in-8 carré, frontispice à l'eau-forte par Ed. Morin, broché.

Tiré à très petit nombre pour les amis de l'auteur.

911. CABANÈS (Le Docteur). Le Cabinet secret de l'histoire. *Paris, Albin Michel,* 1905, 4 vol., ornés de 28 gravures hors texte. — Les Indiscrétions de l'histoire. *Ibid., id.,* 1903. 5 vol., 70 gravures hors texte. — Ens. 9 vol. in-12 carré, brochés.

912. CABINET DU BIBLIOPHILE (De la collection du). *Paris, Jouaust,* 1868-1870, 5 vol. in-12, brochés.

Le premier texte de La Bruyère. — La puce de Madame Desroches. — Satires de Dulorens. — Poésies de Jacques Tahureau, 2 vol.

913. CABINET SATYRIQUE (Le), ou recueil parfaict des vers piquans et gaillards de ce temps, tiré des secrets cabinets des sieurs de Sigognes, Régnier, Motin, Berthelot, Maynard et autres des plus signalez poètes du dix-septième siècle. Nouvelle édition complète, revue et corrigée avec glossaire, variantes, notices

biographiques, etc. *Gand et Paris, Claudin*, 1859-1860, 3 vol. — Parnasse satyrique (Le) du sieur Théophile, avec le recueil des plus excellens vers satyriques de ce temps. Nouvelle édition complète, revue et corrigée, avec glossaire, notices biographiques, etc. *Ibid., id.*, 1861, 2 vol. — Ens. 5 vol. pet. in-8, brochés.

    Tirage à petit nombre sur papier vergé.

914. CANARIES (Ouvrages relatifs aux îles). 9 vol. in-8 et in-12, cartonnés et brochés.

    Edwardes (Charles). Rides and studes in the Canary islands. *London, Unwin*, 1888, illustrations. — Leclercq (Jules). Voyage aux îles Fortunées. Le pic de Ténériffe et les Canaries. *Paris, Plon*, 1880. — Meyer (Hans). Die Insel Teneriffe. Wanderungen im canarischen Hoch- und Tiefland. *Leipzig*, 1896, cartes et figures. — Pégot-Ogier. Les Iles Fortunées ou archipel des Canaries. *Paris, Lacroix*, 1869, 2 vol. — Proust (L.) et Pitard (J.). Les Iles Canaries. Description de l'archipel. *Paris, Guilmoto, s. d.*, cartes et figures. — Stone (Olivia M.). Tenerife and its six satellites or the Canary islands past and present. *London, Ward & C°*, 1887, 2 vol., cartes et figures. — Verneau (D' R.). Cinq années de séjour aux îles Canaries. *Paris, Hachette et C*^{ie}, 1891, carte et figures.

915. CHAMPFLEURY. Monsieur de Boisdyver, avec 4 eaux-fortes par A. Gautier. *Poulet-Malassis*, 1860. — Les souffrances du professeur Delteil, avec 4 eaux-fortes par Cham. *Ibid., id.*, 1861. — Grandes figures d'hier et d'aujourd'hui, avec 4 portraits par Bracquemond. *Ibid., id.*, 1861. — La sucession Le Camus. Les amis de la nature, 2 frontispices par Bouvin et Bracquemond. *Ibid., id.*, 1861. — Les aventures de mademoiselle Mariette, avec 4 eaux-fortes par Morin. *Ibid., id.*, 1862. — Les Frères Le Nain. *Renouard*, 1863. — Documents positifs sur la vie des frères Le Nain. *Paris*, 1865. — Les Chats. *Paris, Rothschild*, 1869. — Histoire de l'imagerie populaire. *Dentu*, 1869. — Ens. 9 vol. in-8 et in-12, dont 7 brochés et 2, demi-rel. mar. vert, tête marb., ébarbés.

916. CHATEAUBRIAND (Lucile de). Ses contes, ses poèmes, ses lettres, précédés d'une étude sur sa vie par Anatole France. *Paris, Charavay frères*, 1879. — La Fayette (Mme de). Histoire d'Henriette d'Angleterre, avec une introduction par Anatole France. *Ibid., id.*, 1882. — Ens. 2 vol. in-12, brochés.

    Papier de Hollande.

917. CLÉRY (Léon). Souvenirs du Palais. *Paris, A. Lemerre, s. d.*, in-8, broché.

918. CLUB ALPIN FRANÇAIS. Bulletin mensuel. De l'origine

juillet 1874 à février 1911 inclus, soit 37 années, en fascicules in-8.

Les n°ˢ 8 de 1887, 2 et 9 de 1893, 4 de 1894 et 7 de 1905 manquent. A partir de 1905, ce bulletin prend le titre de « La Montagne », revue mensuelle du Club Alpin français et tous les numéros sont illustrés.
On y joint : Annuaire du Club Alpin français : de l'origine 1874 à 1903 inclus, soit 30 vol. in-8, brochés.

919. COLLECTION CHARAVAY (De la). 6 vol. in-12, brochés.

Bonnières (Robert de). Les Académiciens, comédie par Saint Evremond, étude. 1879. — Bonnières (Robert de). Lettres grecques de Madame Chénier, précédées d'une étude sur sa vie. 1879. — Da Porto (Luigi). Giulietta et Romeo, nouvelle, traduction, préface et notes par Henry Cochin. 1879. — Daudet (Mᵐᵉ Alph.). L'Enfance d'une parisienne S. d. — Du Bellay (Joachim). Lettres publiées pour la première fois d'après les originaux, par Pierre de Nolhac. 1883. — Sade (Mⁱˢ de) Dorci, ou la bizarrerie du sort. 1881. — Campardon (Emile). Un Artiste oublié, J.-B. Massé peintre de Louis XV, 1880.

920. COLLECTION GAY ET DOUCÉ (De la). 21 vol. in-8 et in-18, brochés.

Bibliothèque de la reine Marie-Antoinette au petit Trianon, 1863. — Bontemps (Gérard). La Galerie des curieux, 1873. — Le Cochon mitré, dialogue, 1850. — Corona di Cazzi (La), et autres pièces italiennes, 1865. — Désert des Muses (Le) ou les délices de la satyre galante, 1863. — Ecole (L') des maris jaloux, 1874. — Enfer burlesque (L') ; le Mariage de Belphégor et les épitaphes de M. de Molière, 1868. — Estreine de Pierrot à Margot, 1868. — Fantaisiste (Le) magazine bibliographique, littéraire, philosophique et artistique, 1873, 2 vol. — Gaultier Garguille. Les Chansons folastres et récréatives, 1863. — Epouse (L') d'outre-tombe, conte chinois, 1864. — Forest (La) nuptiale, 1865. — Grand Alcandre (Le) frustré, ou les derniers efforts de l'amour et de la vertu, 1874. — Grandval. Agathe, ou la chaste princesse, 1866. — Henry (F.-N.). Le Diable dupé par les femmes, 1881. — Lucas (H.). Heures d'amour, 1864. — Messe de Gnide (La), suivie du sermon prêché à Gnide, de la prière de Céline et de la veillée de Vénus, 1884. — Nuits d'épreuve (Les) des villageoises allemandes avant le mariage, 1861. — Plaisantes journées (Les) du sieur Favoral, 1868. — Tahureau (Jacques). Mignardises amoureuses de l'admirée, 1868.

921. COLLECTION KISTEMAECKERS. *Bruxelles, Henry Kistemaeckers, 1881-1883,* 12 vol. in-16, brochés.

Alexis (Paul). Le Collage. 1883. — Descaves (Lucien). Une vieille rate. 1883. — Elzéar (Pierre). La Femme de Roland. 1882. — Enne (Francis). D'après nature (Deuxième série). 1883. — Godde (G.). Le Scrupule du père Durieu. 1883. — Harry Alis. Les Pas de Chance. 1883. — Hennique (Léon). Deux nouvelles. 1881. — Huysmans (J. K.). A Vau-l'eau. 1882. — Lemonnier (Camille). Le Mort. 1882. — Rod (Edouard). La Chute de Miss Topsy. — Mendes (Catulle). Le Crime du vieux Blas. 1882. — Maizeroy (René). L'Amour qui saigne. 1882.

Chaque volume, imprimé sur papier vergé, est orné d'un portrait ou d'une eau-forte.

922. CONTEURS DE DIVERS PAYS. 6 vol. in-12 et in-18, brochés.

>BONAVENTURE DES PÉRIERS. Les Contes, avec notes de La Monnoye et de Saint-Hyacinthe, revues et augmentées par Paul Lacroix. *Charpentier*, 1856. — BORIN (Achas). Contes orientaux. *Quantin*, 1886. — CHAMPAVERT. Contes immoraux. *Amsterdam*, 1870. — LABUSQUIÈRE (John). L'Autrefois, récits de Gascogne et d'ailleurs. *Maisonneuve*, 1899. — QUELLIEN (N.) Contes et nouvelles du pays de Tréguier. *Id.*, 1898. — MARMIER (X.). Contes populaires de différents pays. *Hachette*, 1880.

923. COMTESSE DE PONTHIEU (La), roman de chevalerie inédit, publié avec introduction et traduction par Alfred Delvau (Tiré d'un manuscrit du xiie siècle appartenant à la Bibliothèque impériale). *Paris, Bachelin-Deflorenne*, 1865, in-8, broché.

>Tirage à 150 exemplaires (n° 8) sur PAPIER DE HOLLANDE.

924. CORNEILLE (P.). Théâtre, publié en cinq volumes, et précédé d'une préface par V. Fournel. *Paris, Libr. des Bibliophiles*, 1877-1879, 5 vol. in-12, brochés.

>Un des 30 exemplaires (n° 33) imprimés sur PAPIER WHATMAN.

925. CORSE (Ouvrages relatifs à la). 7 vol. in-8 et in-12, dont 5 brochés et 2 cartonnés.

>BENNETT (J. Henry). La Corse et la Sardaigne. Étude de voyage et de climatologie. *Paris, Asselin*, 1876. — BOELL (Louis). Histoire de la Corse, depuis les temps les plus reculés jusqu'à son annexion à la France en 1769. *Marseille*, 1878. — GRÉGOROVIUS (F.). Corsica, traduction de P. Lucciana. *Bastia*, 1883-1884, 2 vol. — MONTI (J.). La Corse et l'empire. Gennara, roman. *Paris, Ghio*, 1884. — ORTOLI (Frédéric). Les Contes populaires de l'île de Corse. *Paris, Maisonneuve*, 1883. — ROMBALDI (Jacques). Sampiero Corso, colonel général de l'infanterie corse. *Paris, Lechevalier*, 1887.

926. COUSIN (Jules). Le Comte de Clermont, sa cour et ses maîtresses. Lettres familières, recherches et documents inédits. *Paris, Académie des bibliophiles*, 1867, 2 vol. — SAINTE-BEUVE (C.-A.). Le Comte de Clermont et sa cour. Etude historique et critique. *Ibid., id.*, 1868. — Ens. 3 vol. in-12, brochés.

>Papier de Hollande.

927. DAVIN (Félix). Une Séduction, roman intime. *Paris, Mme Charles Béchet*, 1833. — Ce que regrettent les femmes. *Paris, chez Werdet*, 1834, 2 vol. — Ens. 3 vol. in-8, brochés (*Couvert.*).

>ÉDITIONS ORIGINALES.

928. DELVAU (Alfred). Dictionnaire érotique moderne, par un professeur de langue verte (Alfred Delvau). Nouvelle édition,

revue, corrigée, considérablement augmentée par l'auteur et enrichie de nombreuses citations. *Bâle, Imp. de Karl Schmidt, s. d.* (1864), pet. in-8, dos et coins mar. citron, tête dor., non rogné (*R. Petit*).

<blockquote>
Edition tirée à petit nombre et non mise dans le commerce.
Le frontispice de Rops manque.
On y joint : Delvau (Alfred). Dictionnaire de la langue verte, argots parisiens comparés. Deuxième édition refondue et considérablement augmentée. *Paris, Dentu,* 1867, in-12, demi-rel. chagrin vert, tête marb., ébarbé.
</blockquote>

929. DELVAU (Alfred). Les Sonneurs de sonnets, 1540-1866. *Paris, Bachelin-Deflorenne,* 1867, in-32, broché.

<blockquote>
Édition originale.
Papier de Hollande.
</blockquote>

930. DELVAU (Alfred). Au bord de la Bièvre. Impressions et souvenirs. Nouvelle édition précédée d'une bibliographie des ouvrages de l'auteur. *Paris, Pincebourde,* 1873. — Les Dessous de Paris, avec une eau-forte de Léopold Flameng. *Paris, Poulet-Malassis et de Broise,* 1860. — Lettres de Junius. *Paris, Dentu,* 1862. — Les Amours buissonnières. *Ibid., id., s. d.* (1863). — Le Fumier d'Ennius, avec une eau-forte de Léopold Flameng. *Paris, A. Faure,* 1865. — Du Pont des arts au pont de Kehl (Reisebilder d'un parisien) avec un frontispice par Émile Benassit. *Ibid., id.,* 1866. — Le grand et le petit trottoir. *Ibid., id.,* 1866. — A la porte du paradis. *Ibid., id.,* 1867. — Ens. 8 vol. in-12, dont 3 brochés et 5 demi-rel. chagrin bleu, tête marb., non rognés.

<blockquote>
Éditions originales, sauf le premier ouvrage.
Les *Amours buissonnières*, les *Lettres de Junius* et *Au bord de la Bièvre* sont brochés.
</blockquote>

931. DESCHANEL (Émile). Les Courtisanes grecques. *Paris, Michel Lévy,* 1859. — Le bien et le mal qu'on a dit des femmes. *Ibid., id.,* 1857, 2 vol. — Le bien et le mal qu'on a dit de l'amour. *Ibid., id.,* 1856-1857, 2 vol. — Le bien et le mal qu'on a dit des enfants. *Ibid., id.,* 1857. — Histoire de la conversation. *Ibid., id.,* 1859. — Ens. 7 vol. in-32, cartonn. demi-toile grise, ébarbés.

<blockquote>
De la collection Hetzel-Lévy.
</blockquote>

932. DEZOBRY et BACHELET. Dictionnaire général de biographie et d'histoire. *Paris, Dezobry,* 1857, 2 vol. — Bélèze (G.). Dictionnaire universel de la vie pratique à la ville et à la campagne. *Paris, Hachette et Cie,* 1859. — Joanne (Ad.). Dic-

— 70 —

tionnaire géographique, administratif, postal, etc., de la France, de l'Algérie, et des colonies. *Ibid., id.,* 1869. — Vapereau (G.). Dictionnaire universel des contemporains. *Ibid., id.,* 1870. — Même ouvrage. Cinquième édition. *Ibid., id.,* 1880. — Ens. 6 gros vol. gr. in-8 reliés.

933. DODECATON ou le Livre des douze. *Paris, Victor Magen,* 1837, 2 vol. in-8, brochés (*Couvert.*).

Édition originale.

934. DUMAS FILS (Alexandre). Affaire Clémenceau. Mémoire de l'accusé. *Paris, Michel Lévy,* 1866, in-8, broché.

Édition originale.
Exemplaire fatigué.

935. DUVAL (Jacques). Traité des Hermaphrodits, parties génitales, accouchemens des femmes, etc. où sont expliquez la figure des laboureur et verger du genre humain, signes de pucelage, défloration, conception et la belle industrie dont use nature en la promotion du concept et plante prolifique. Réimprimé sur l'édition unique (Rouen, 1612). *Paris, Isidore Liseux,* 1880. — Bouchard (J.-J.). Les Confessions de Jean-Jacques Bouchard, parisien, suivies de son voyage de Paris à Rome en 1630, publiées pour la première fois sur le manuscrit de l'auteur. *Ibid., id.,* 1881. — Estienne (Henri). Apologie pour Hérodote (satire de la société au xvie siècle). Nouvelle édition, faite sur la première et augmentée de remarques par P. Ristelhuber, avec trois tables, *Ibid., id.,* 1879, 2 vol. — Ens. 4 vol. in-8, brochés.

Exemplaires imprimés sur papier de Hollande.

936. ÉDITIONS LEMERRE, 7 vol. in-12, brochés.

France (Anatole). Poésies, 1896 — Julyot (Ferry). Les Elégies de la belle fille, lamentant sa virginité perdue, 1868. — Haritz-Eder. Donibane-Lohizun, ou ce que dit la fontaine d'Ithurbure, 1888. — Moreau (Hégésippe). Œuvres complètes, 1890, 2 vol. — Pogge. Les Contes, 1867. — Régnier (Mathurin). Œuvres, 1869.

937. ESPAGNE (Ouvrages relatifs à l'). 7 vol. in-4, in-8 et in-12, dont 1 cartonné, 2 demi-rel. mar. rouge, les autres brochés.

Amicis (Edm. de). L'Espagne. Trad. de l'italien par Mme J. Colomb. *Hachette et C*[ie], 1878. — Dieulafoy (Mme Jane). Castille et Andalousie. *Id.,* 1908, nombreuses gravures. — Fouquier (A.). Chants populaires espagnols. Dessins de Arcos. *Jouaust,* 1882. — Güell y Renté. Philippe II et Don Carlos devant l'histoire. *Calmann-Lévy,* 1878. — Latour (A. de). Espagne, traditions, mœurs et littérature. *Didier et C*[ie], 1869. — Petit (F.). Notes sur l'Espagne artistique. *Lyon, Scheuring,*

1877. — POITOU. Voyage en Espagne. Illustrations par V°r Foulquier. *Tours, Mame*, 1869.

938. **FARCE DE MAITRE PATHELIN** (La), comédie du moyen âge, arrangée en vers modernes par Georges Gassies des Brulies, avec 16 compositions en taille-douce, hors texte par Boutet de Monvel. *Paris, Delagrave, s. d.*, in-8. — FARCE DE MAÎTRE PATHELIN (La Vraie), mise en trois actes et en vers modernes par Edouard Fournier, avec deux eaux-fortes de Léon Gaucherel. *Paris, Librairie des bibliophiles*, 1873, in-12, papier de Hollande. — Ens. 2 vol. brochés.

939. **FEMMES, A L'AMOUR, AU MARIAGE**, etc. (Ouvrages relatifs aux). 14 vol. in-4, in-8, in-12 et in-18, dont 3 reliés, les autres brochés.

> ABYSSINIENNES (Les) et les femmes du Soudan oriental, d'après les relations de Bruce, Cailliaud, Baker, etc. *Turin*, 1876. — BEAUCLAIR (Henri). Les Horizontales. *Vanier*, 1886. — CABRIOLET (Le) d'une merveilleuse, suivi de Cinname, histoire grecque. *Bruxelles*, 1888. — CUPIDON (Le Frère). Le Mirliton priapique. *Au Mont Carmel*, 1883. — Discours sur la nudité des mamelles des femmes par un révérend père capucin. *Gand*, 1857. — LÉOTY. Le Corset à travers les âges. Illustrations de St-Elme Gautier. *Ollendorff*, 1893. — LOVIOT (Louis) Alice Ozy. *Dorbon aîné*, 1910. — LUPANIE, histoire amoureuse de ce temps (1668). *Leyde*, 1867 (Exempl. sur papier de Chine). — PLAIDOYER de M. Freydier, contre l'introduction de cadenas ou ceinture de chasteté. *Montpellier*, 1870. — SECRETS MAGIQUES pour l'amour, octante et trois charmes, conjurations, sortilèges et talismans. *Jouaust*, 1860. — SINGULARITÉS PHYSIOLOGIQUES. Lucina sine concubitu ou la génération solitaire. L'homme machine. *Paris*, 1865, 2 vol. — WEILL (Alex.). Mystères de l'amour. Philosophie et hygiène. *Amyot*, 1868. — CATS (Jacob). L'Amour virginal ou le devoir des jeunes filles dans leurs chastes amours. *Deniu*, 1886.

940. **FERTIAULT** (F.). Les Amoureux du livre. Sonnets d'un bibliophile, fantaisies, commandements du bibliophile, bibliophiliana. Notes et anecdotes. Préface du bibliophile Jacob (Paul Lacroix). Seize eaux-fortes de Jules Chevrier. *Paris, A. Claudin*, 1877, in-8, pap. de Holl., broché.

941. **FEYDEAU** (Ernest). Mémoires d'une demoiselle de bonne famille, rédigés par elle-même, revus, corrigés, élagués, adoucis et mis en bon français par Ernest Feydeau. *Londres (Bruxelles), Société des Bibiophiles, s. d.* (1877), pet. in-8, broché.

> ÉDITION ORIGINALE tirée à très petit nombre.
> Exemplaire imprimé sur papier vergé, contenant le frontispice de *Hanriot* en deux états : en noir et en sanguine.

942. **FRANCE** (Anatole). Les sept femmes de la Barbe-bleue, et

autres contes merveilleux. *Paris, Calmann-Lévy,* s. d., in-12, broché.

ÉDITION ORIGINALE.
On y joint : FRANCE (Anatole). L'Eglise et la République. *Paris, Pelletan,* 1904, in-12, broché.

943. FRANC-NOHAIN (Maurice Le Grand). Les Inattentions et sollicitudes. *Paris, Léon Vanier,* 1894, in-12, portrait, broché.

ÉDITION ORIGINALE.
Un des 30 exemplaires (n° 4) imprimés sur PAPIER DU JAPON.

944. FRANKLIN (Alfred). La Vie privée d'autrefois. Arts et métiers, modes, mœurs, usages des parisiens du xiie au xviiie siècle, d'après des documents originaux ou inédits. *Paris, Plon, Nourrit et Cie,* 1887-1890, 7 vol. in-12, brochés.

Les soins de toilette, le savoir-vivre. — L'annonce et la réclame, les cris de Paris. — La Cuisine. — La Mesure du temps. — Comment on devenait patron. — Les Repas. — L'Hygiène.

945. GALIFFE (B.-G.). Genève historique et archéologique. Avec dessins et fac-simile de Hermann Hammann. *Genève, H. Georg,* 1869, pet. in-4, broché.

946. GASTÉ (A.). Chansons normandes du xve siècle, publiées pour la première fois sur les mss. de Bayeux et de Vire, avec notes et introduction. *Caen, E. Le Gost-Clérisse,* 1866, in-12, broché.

Un des 12 exemplaires imprimés sur PAPIER DE CHINE.
On y joint : GASTÉ (A.). Etude sur Olivier Basselin et les compagnons du Vau-de-Vire. Leur rôle pendant les guerres anglaises et leurs chansons. *Caen, Le Gost-Clérisse,* 1866, in 12, broché (Tirage à 100 exemplaires).

947. GAUTIER (Théophile). Ménagerie intime. *Paris, Lemerre,* 1869 (ÉD. ORIG.). — Voyage en Espagne. Nouvelle édition, revue et corrigée. *Paris, Charpentier,* 1878. — Les Vacances du lundi. Tableaux de montagnes. *Ibid., id.,* 1881 (ÉD. ORIG.). — Ens. 3 vol. in-12, dont 2 brochés et 1 demi-rel. mar. brun, tête marb., non rogné.

On y joint : BERGERAT (Emile). Théophile Gautier. Entretiens, souvenirs et correspondance. *Paris, Charpentier,* 1879, in-12, broché.

948. GEBHART (Émile). Conteurs florentins du moyen-âge. *Paris, Hachette et Cie,* 1905. — D'Ulysse à Panurge. *Ibid., id.,* 1905. — Au son des cloches. *Ibid., id.,* 1906. — L'Italie mystique. *Ibid., id.,* 1906. — Sandro Botticelli. *Ibid., id.,* 1907. —

Moines et papes. *Ibid., id.*, 1907. — Autour d'une tiare. 1075-1085. *Paris, A. Colin*, 1906. — Ens. 7 vol. in-12, brochés.

949. GLACIERS (Ouvrages relatifs aux). 9 vol. et plaquettes in-8 et in-12, brochés.

> AGASSIZ (L.). Etudes sur les glaciers. *Neuchatel*, 1840 (sans l'atlas). — AGASSIZ (L.). Nouvelles études et expériences sur les glaciers actuels, leur structure, leur progression et leur action physique sur le sol. *Paris, Masson*, 1847 (Sans l'atlas). — BONAPARTE (Prince Roland). Les variations périodiques des glaciers français. *Paris*, 1891. — CHARPENTIER (J. de). Essai sur les glaciers et sur le terrain erratique du bassin du Rhône. *Lausanne*, 1841. — DESOR (E.). Excursions et nouvelles excursions et séjours dans les glaciers et les hautes régions des Alpes, de M. Agassiz et de ses compagnons de voyage. *Neuchatel*, 1844-1845, 2 vol. — GRAD (Ch.). Observations sur les glaciers de la Viège et le massif du Monte-Rosa. *Paris, Challamel*, 1868. — TYNDALL. Les Glaciers et les transformations de l'eau. *Paris, Baillière*, 1873. — ZURCHER et MARGOLLÉ. Les Glaciers. *Paris, Hachette et Cie*, 1868, 45 gravures sur bois.

950. GODET (Philippe). Madame de Charrière et ses amis, d'après de nombreux documents inédits (1740-1805), avec portraits, vues, autographes, etc. *Genève, A. Jullien*, 1906, 2 vol. in-8, brochés.

951. GONCOURT (Ed. et J. de). Un premier livre. En 18.., avec une préface d'Edmond de Goncourt, et un portrait des auteurs, gravé par A. Descaves, d'après une photographie du temps. *A Bruxelles, chez Henry Kistemaeckers*, s. d. (1884), in-12, dos et coins mar. grenat, tête dor., non rogné, couvert. (*Foulquier*).

> Seconde édition contenant les passages supprimés.
> Exemplaire de Paul Bonnetain avec envoi autographe d'Edmond de Goncourt.
> On y a ajouté une intéressante lettre autographe d'Edmond de Goncourt à Paul Bonnetain relative à deux ouvrages de ce dernier : « Tonkin » et « Charlot s'amuse ».

952. GONCOURT (Ed. et J. de). Portraits intimes du xviiie siècle. *Paris, Dentu*, 1857-1858, 2 vol. — Sophie Arnould, d'après sa correspondance et ses mémoires inédits. *Paris, Poulet-Malassis*, 1859. — L'Amour au dix-huitième siècle. *Paris, Dentu*, 1875. — L'Art japonais au xviiie siècle. Outamaro, le peintre des maisons vertes. *Paris, Charpentier*, 1891. — Journal des Goncourt, 1878-1888 (tomes VI et VII). *Ibid., id.*, 1892-1894, 2 vol. — Ens. 7 vol. in-12, dont 6 brochés et un dos et coins mar. violet, tête dor., ébarbé.

> On y joint : SICHEL (Ph.). Notes d'un bibeloteur au Japon, avec une préface par Edmond de Goncourt. *Paris, Dentu*, 1883, in-12, broché.

953. **GRANDS ÉCRIVAINS FRANÇAIS** (De la Collection des). *Paris, Hachette et C*^{ie}, 1887-1893, 20 vol. in-12, brochés.

> BERTRAND (J.). D'Alembert. — BARINE. Alfred de Musset et Bernardin de St. Pierre, 2 vol. — BOISSIER (G.). Madame de Sévigné. — CARO (E.). George Sand. — CLÉDAT (Léon). Rutebœuf. — DU CAMP (Max.). Théophile Gautier. — HAUSSONVILLE (Cte d'). Mme de La Fayette. — LANSON. Boileau. — LESCURE (de). Chateaubriand. — MABILLEAU (L). Victor Hugo. — PALEOLOGUE. Alfred de Vigny et Vauvenargues, 2 vol. — RÉMUSAT (P. de). A. Thiers. — ROD (Ed.). Stendhal. — ROUSSE. Mirabeau. — SAY (Léon). Turgot. — SIMON (J.). Victor Cousin. — SOREL. Montesquieu et Madame de Staël, 2 vol.
> On y joint : Pages choisies de J.-M. Guyau, avec une introduction par Alfred Fouillée. *Paris, Colin*, 1906, in-12, broché.

954. **GREY** (Jeanne). Fragmens littéraires de lady Jeanne Grey, reine d'Angleterre. Traduits en français et précédés d'une notice sur la vie et les écrits de cette femme célèbre par Edouard Frère. *A Rouen, chez Edouard Frère*, 1832, in-8, demi-rel. veau gris, dos orné à froid, non rogné [*Messier*].

> Exemplaire imprimé sur PAPIER DE HOLLANDE ; orné du portrait de Jeanne Grey tiré sur Chine.

955. **GUIDE MUSICAL** (Le), revue internationale de la musique et des théâtres ; du 7 janvier 1906 au 22 janvier 1911 (moins les n°s 20 et 43 de 1906 — 16, 24 et 25 de 1907 — 5 et 42 de 1908 — 7 de 1910). — TABLETTES DE LA SCHOLA : du 15 octobre 1904 à juin 1910 (moins les n°s 9 de 1905 et 6 de 1909). — S. I. M., revue musicale mensuelle. Du 15 mai 1910 au 15 février 1911, 9 numéros.

> On y joint : 1° la partition pour piano de la valse en mi bémol, de Chopin ; 2° deux numéros de « *Musica* », dont l'un est entièrement consacré à Saint-Saens ; 3° un n° du *Courrier Musical* et deux n^{os} du *Mercure Musical* ; 4° 24 numéros doubles des *Tablettes de la Schola*.

956. **HATIN** (Eugène). Les Gazettes de Hollande et la presse clandestine aux XVIIe et XVIIIe siècles. Eau-forte de Ulm. *Paris, René Pincebourde*, 1865, pet. in-8, broché.

> Un des 100 exemplaires (n° 39) imprimés sur PAPIER DE HOLLANDE.

957. **HAVRE** (Ouvrages relatifs à la ville du). 4 vol. in-8 et in-12, brochés.

> ANNUAIRE du commerce et de l'industrie de la ville et du port du Havre, 1875. *Le Havre*, 1875. — CATALOGUE du cercle de l'art moderne. *Le Havre*, 1907. — JACOB (P.-L). Le Marchand du Havre, histoire contemporaine. *Bruxelles*, 1839. — PIÈCES HISTORIQUES relatives au siège du Havre, par Charles IX, en 1563, précédées d'une notice par V. Toussaint. *Le Havre*, 1862.

958. **HÉSIODE**. Hymnes orphiques. — Théocrite. — Bion-

Moskhos. — Tyrtée. — Odes anacréontiques. Traduction nouvelle par Leconte de Lisle. *Paris Alphonse Lemerre*, 1869, in-8, broché.

    ÉDITION ORIGINALE.

959. HOUSSAYE (Henry). Séance de l'Académie française du 12 décembre 1895. Discours de réception de M. Henry Houssaye. Réponse de M. Ferdinand Brunetière. *Paris, Perrin et Cie*, 1896, in-8, broché.

    Exemplaire imprimé sur PAPIER DE HOLLANDE, avec envoi autographe de Henry Houssaye sur le faux titre.

960. LA GÉOGRAPHIE. Bulletin de la Société de géographie, publié tous les mois par le baron Hulot et Charles Rabot. De janvier 1900 à janvier 1911 inclus. *Paris, Masson et Cie*, 1900-1911, 11 années en fascicules in-8.

    Il manque mai 1906.
    On y joint : 1° MAUNOIR (Ch.). Rapports annuels sur les progrès de la géographie, 1867-1884. *Paris, E. Leroux*, 1895-1896, 2 vol. in-8, brochés. — 2° Une notice biographique sur Adolphe Joanne et une notice sur Christian Garnier par L. Drapeyron, 2 plaquettes in-8.

961. LAMARTINE. Œuvres poétiques. *Paris, Furne, Jouvet et Cie*, 1875-1882, 9 vol. pet. in-12, brochés.

    Méditations poétiques. — Jocelyn. — Harmonies poétiques et religieuses. — La Chute d'un ange. — La mort de Socrate, poème des visions, chant du Sacre, etc. — Recueillements poétiques, troisièmes méditations poétiques, poésies politiques, etc. — Le tailleur de pierres. — Graziella. — Raphaël.

962. LANGLOIS (E. H.) Essai historique, philosophique et pittoresque sur les danses des morts ; accompagné de 54 planches et de nombreuses vignettes dessinées et gravées par E.-H. Langlois, Mlle Espérance Langlois, MM. Brevière et Tudot; suivi d'une lettre de M. C. Leber et d'une note de M. Depping sur le même sujet. Ouvrage complété et publié par M. André Pottier et M. Alfred Baudry. *Rouen, A. Lebrument*, 1852, 2 vol. in-8, dos et coins mar. noir, tête dor., ébarbés.

963. LANGLOIS (E. H.). Notice sur l'incendie de la cathédrale de Rouen, occasionné par la foudre, le 15 septembre 1822, et sur l'histoire monumentale de cette église, ornée de six planches. *Rouen*, 1823, in-8, dos et coins mar. grenat, dos orné, non rogné (*Paulin*).

    Un des 100 exemplaires imprimés sur grand papier vélin contenant deux états des planches représentant l'incendie de la cathédrale.

964. LA ROCHEFOUCAULD, Réflexions ou sentences et maximes morales. Edition Louis Lacour. *Paris, Académie des bibliophiles*, 1868. — Régnier. Œuvres. Edition Louis Lacour. *Ibid., id.*, 1867. — Ens. 2 vol. in-8, brochés, emboîtages.

    Exemplaires imprimés sur papier vergé.

965. LAROUSSE (P.). Flore latine des dames et des gens du monde ou clef des citations latines que l'on rencontre fréquemment dans les ouvrages des écrivains français. Avec une préface de M. Jules Janin. *Paris, Larousse et Boyer, s. d.*, in-8, dos et coins chag. bleu, fil., dos orné, tête dor., ébarbé (*Vailly*).

966. L'ESTOILE (Pierre de). Mémoires pour servir à l'histoire de France. Contenant ce qui s'est passé de plus remarquable dans ce royaume depuis 1515 jusqu'en 1611, avec les portraits des rois, reines, princes, princesses et autres personnes illustres dont il y est fait mention. *A Cologne (Bruxelles) chez les héritiers de Herman Demen*, 1719, 2 vol. pet. in-8, front. et portr., veau fauve, dos orné, tr. rouges (*Rel. anc.*).

    Première édition du *Journal de Henri III et Henri IV*. Frontispices par *Van Orley* et portraits par *Harrewyn*.

967. LIVRE DES MILLE NUITS ET UNE NUIT (Le). Traduction littérale et complète du texte arabe, par le dr. J. C. Mardrus. *Paris, Editions de la Revue Blanche et Eug. Fasquelle*, 1899-1904, 16 vol. in-8, brochés.

968. LIVRE DES CENT BALLADES (Le), contenant des conseils à un chevalier pour aimer loialement et les responses aux ballades, publié d'après trois manuscrits de la bibliothèque impériale de Paris et de la bibliothèque de Bourgogne de Bruxelles, avec une introduction, des notes historiques et un glossaire par le marquis de Queux de Saint-Hilaire. *Paris, E. Maillet*, 1868, in-8, broché.

    Exemplaire n° 94 imprimé sur papier vergé.

969. LOLIÉE (Frédéric). Les Femmes du second empire (Papiers intimes). *Paris, F. Juven, s. d.* — La Fête impériale. *Ibid., id., s. d.* — Le duc de Morny et la société du second empire. *Paris, Emile-Paul*, 1909. — Ens. 3 vol. in-8. brochés.

970. LOUIS XV (Ouvrages relatifs au règne de). 7 vol. in-8 et in-12, brochés.

    Barine (Arvède). Madame, mère du Régent. *Paris, Hachette*, 1909.— Correspondance inédite du roi Stanislas-Auguste Poniatowski et de Madame Geoffrin (1764-1777). *Paris, Plon*. 1875. — Correspondance inédite de la Comtesse de Sabran et du Chevalier de Boufflers, 1778-1788. *Ibid., id.*, 1875. — CORRESPONDANCE de Mme de Pompadour, avec son père, M. Poisson et son frère, M. de Vandières. *Paris, Baur,* 1878.— MAUGRAS (G.). Le Duc et la duchesse de Choiseul, leur vie intime, leurs amis et leur temps. *Paris, Plon,* 1902. — ROLAND ET MARIE PHLIPON. Lettres d'amour de 1777 à 1780, publiées par Claude Perroud. *Paris, A. Picard,* 1909. — ZUYLEN (Belle de). Lettres à Constant d'Hermenches, 1760-1775. *Paris, Plon,* 1909.

971. LOUIS XVI ET A LA RÉVOLUTION (Ouvrages relatifs à). 6 vol. in-8 et in-12, brochés.

CLARETIE (Jules). Camille Desmoulins, Lucile Desmoulins. Etude sur les dantonistes. *Paris, Plon,* 1875. — DUNOYER (Alph.). Deux Jurés du tribunal révolutionnaire. Vilate « le petit maître », Trinchard « l'homme de la nature ». *Paris, Perrin,* 1909. — GONCOURT (Ed. et J. de). Histoire de Marie-Antoinette. *Paris, F. Didot,* 1863. — LESCURE (de). La Princesse de Lamballe, sa vie, sa mort, 1749-1792. *Paris, Plon,* 1864. — SÉGUR (Marquis de). Au Couchant de la Monarchie. Louis XVI et Turgot, 1774-1776. *Paris, Calmann-Lévy, s. d.* — VIE PARISIENNE (La) sous Louis XVI (par François Cognel). *Paris, Calmann-Lévy,* 1882 (PAPIER DE HOLLANDE).

972. MADÈRE ET AUX AÇORES (Ouvrages relatifs à l'île de). 6 volumes et plaquettes in-8 et in-12, dont 2 brochés, 3 cartonnés et 1 rel.

BARROIS (Th.). Catalogue des crustacés marins recueillis aux Açores durant les mois d'août et de septembre 1887. *Lille,* 1888, 4 planches et 8 figures dans le texte. — MANCHON (Léon). A travers Madère, onze jours en hamac. *Chamerot,* 1888. — MOURAO PITTA (Dr C.-A.). Madère, station médicale fixe. Climat des plaines, climat des altitudes. *Alcan,* 1889. — RECLUS (E.). Extrait de la nouvelle géographie universelle sur Madère, 1886. — RENDELL (J.-M.). Concise handbook of the island of Madeira. *London,* 1891. — TAYLOR (Ellen M.). Madeira : its scenery, and how to see it. *London,* 1882.

973. MAUPASSANT (Guy de). Des vers. *Paris, Victor-Havard,* 1884. — Hautot père et fils. *Paris, Ollendorff, s. d.* — Mademoiselle Perle. *Ibid., id., s. d.* — Yvette. *Ibid., id., s. d.* — Ens. 4 vol. in-12 et in-16, brochés.

On y joint : VAUTIER (Paul). Au pays de Maupassant. Préface de Jean Richepin. *Paris, Dumont,* 1910, in-12, broché.

974. MÉRIMÉE (Prosper). Essai sur la guerre sociale. *Paris, Firmin Didot frères,* 1841, in-8, demi-rel. veau fauve, tr. jasp.

EDITION ORIGINALE, tirée à 150 exemplaires, et non mise dans le commerce.
Cet exemplaire renferme les 3 planches de médailles.

975. MÉRIMÉE (Prosper). Études sur l'histoire romaine. — Colomba. — Mélanges historiques et littéraires. — Nouvelles. —

Les deux héritages. — Episode de l'histoire de Russie. — Clara Gazul. — Chronique du règne de Charles IX. — Histoire de Don Pèdre I*er*, roi de Castille. — Les Cosaques d'autrefois. — Dernières nouvelles. — Portraits historiques et littéraires. — Lettres à une autre inconnue. — Lettres à M. Panizzi. 2 vol. — *Paris, Calmann-Lévy*, 1853-1881, 15 vol. in-8 et in-12, demi-rel. chagrin bleu et La Vall.

<small>Les 2 vol. des *Lettres à M. Panizzi* sont brochés et de format in-8.</small>

976. MÉRIMÉE (Prosper). Lettres à une inconnue, précédées d'une étude sur Mérimée par H. Taine. Deuxième édition. *Paris, Michel Lévy frères*, 1874, 2 vol. in-8, demi-rel. mar. grenat, tête dor., non rognés (*A. Petit*).

977. MISTRAL (Frédéric). Discours de Santo Estello, prounouncia per Frederi Mistral lou 13 d'avoust 1888, en Bartalasso. *Avignoun, J. Roumanille*, 1888, in-8, cartonn. demi-toile grise.

<small>Exemplaire auquel on a joint le manuscrit autographe signé de Mistral du discours de Saint-Estelle, et le menu du dîner.</small>

978. MOLIÈRE (Ouvrages relatifs à). 5 vol. in-8 et in-12, brochés.

<small>Fameuse comédienne (La) ou histoire de la Guérin, auparavant femme et veuve de Molière. Préface et notes par Jules Boonassies. *Paris, Barraud*, 1870. — L'Instrument de Molière, traduction du traité de Clysteribus de René de Graaf (1668). *Paris, D. Morgand et Fatout*, 1878 (papier de Chine). — Molière. L'Amour médecin, les précieuses ridicules, réimpressions textuelles des éditions originales. *Paris, Librairie des bibliophiles*, 1866-1867, 2 vol. — Poésies diverses attribuées à Molière, ou pouvant lui être attribuées, recueillies par P.-L. Jacob, bibliophile. *Paris, Lemerre*, 1869.</small>

979. MONSELET (Charles). Rétif de la Bretonne. Sa vie et ses amours; documents inédits; ses malheurs, sa vieillesse et sa vie; ce qui a été écrit sur lui, etc., avec un beau portrait gravé par Nargeot en fac-simile. *A Paris, chez Aug. Aubry*, 1858, in-12, broché.

<small>Un des 60 exemplaires imprimés sur papier de Hollande, contenant le portrait en épreuve avant la lettre.</small>

980. MONTAGNE (Ouvrages relatifs à la). 4 vol. in-8 et in-12, brochés.

<small>Martagon. Montagnes et montagnards. Pyrénées, Catalogne, île de Majorque, Provence. *Lemerre*, 1901. — Russell (C*te* H. de). Souvenirs d'un montagnard (1858-1888). *Pau*, 1888. — Spont (Henry). Sur la montagne (Les Pyrénées). *Plon*, 1898, 60 gravures. — Zsigmondy (D*r* Emile). Les dangers dans la montagne. Indications pratiques pour les ascensionnistes. *Fischbacher*, 1886.</small>

981. MONSELET (Charles). La Lorgnette littéraire. Dictionnaire des grands et des petits auteurs de mon temps. *Paris, Poulet-Malassis*, 1857 (ED. ORIG.). — Les Oubliés et les dédaignés, figures littéraires de la fin du xviii⁰ siècle. *Ibid., id.*, 1859. — Les Tréteaux, avec un frontispice par Bracquemond. *Ibid., id.*, 1859 (ED. ORIG.) — Le Plaisir et l'Amour. *Paris, Sartorius*, 1865 (ED. ORIG.). — Panier fleuri, prose et vers. *Paris, Bachelin-Deflorenne*, 1873 (ED. ORIG.). — Ens. 5 vol. in-12, brochés.

982. MONTFORT (Eugène). Les Marges, gazette littéraire (Première et deuxième séries). *A Paris, chez Floury*, 1905-1908, 2 vol. in-12, brochés.

983. MUSIQUE ET AUX MUSICIENS (Ouvrages relatifs à la). 19 vol. et plaquettes in-8 et in-12, brochés.

> AUDLEY (Mᵐᵉ A.). Frédéric Chopin, sa vie et ses œuvres. *Plon*, 1880. — BERLIOZ (Hector). Les Soirées de l'orchestre, Lettres intimes. *Calmann-Lévy*, 1878-1882, 2 vol. — BOSCHOT (Ad.). La Jeunesse d'un romantique. Hector Berlioz, 1803-1831. *Plon*, 1906. — CURZON (H. de). La Légende de Sigurd dans l'Edda. Weber d'après ses lettres à sa femme. *Fischbacher*, 1899, 2 vol. — DINGER et DWELSHAUVERS-DERY. Etudes des drames de Wagner. Tannhäuser et les Maîtres-Chanteurs de Nuremberg. *Leipzig et Bade*, 1892, 2 plaquettes. — FESTIVAL BEETHOVEN-BERLIOZ dirigé par F. Weingartner, 2 plaquettes. — MOZART. Lettres, traduction par Henri de Curzon. *Hachette*, 1888. — POUGIN (A.). Boieldieu, sa vie, ses œuvres, son caractère. *Charpentier*, 1875. — ROLLAND (R.). Beethoven. *Pelletan*, 1909. — SAINT-SAËNS (C.). Portraits et souvenirs. *Paris, Calmann-Lévy*, s. d. — Même ouvrage. 3ᵉ édition. — VIARDOT (Paul). Histoire de la musique. *Ollendorff*, 1905. — WAGNER (R.). Tristan et Yseult. Version française de Vᵗʳ Wilder. *Leipzig et Bruxelles*, s. d.

984. MUSSET (Paul de). Course en voiturin (Italie et Sicile). *Paris, Victor Magen*, 1845, 2 vol. in-8, brochés (*Couvert.*).

> EDITION ORIGINALE.
> Les couvertures sont défraîchies et réparées.
> Quelques mouillures.

985. NERVAL (Gérard de). Œuvres complètes. *Paris, Michel Lévy frères*, 1867-1877, 6 vol. in-12, brochés.

> Les deux Faust de Goethe. — Voyage en Orient. — Les Illuminés. — Le Rêve et la vie. — Les Filles du feu. — Poésies complètes.

986. NORD DE L'EUROPE (Ouvrages relatifs au). 5 vol. in-8 et in-12, dont 4 brochés et 1 cartonné.

> CALAS (Th.). Au Cap Nord (aller et retour). *Fischbacher*, 1892, 11 gravures. — KOECHLIN-SCHWARTZ. Un Touriste en Laponie. *Hachette et Cⁱᵉ*, s. d., 3 cartes. — MONTELIUS (Oscar). La Suède préhistorique, trad. par Kramer. *Stockholm*, s. d., figures. — TINSEAU (Léon de). En

Norwège. *Boulanger, s. d.*, figures. — VANDAL (Albert). En Karriole à travers la Suède et la Norwège. *Plon*, 1876, figures.

987. **OUVRAGES TIRÉS A PETIT NOMBRE** : 8 vol. in-8 et in-12, brochés.

AVENTURES de l'abbé de Choisy habillé en femme. Nouvelle édition complète avec un avant-propos par M. P.-L. *Paris*, 1870. — Même ouvrage, précédé d'une notice et de documents inédits par Marc de Montifaud, eau-forte de Hanriot. *Bruxelles*, 1880. — LE NOBLE. La Rapineide, ou l'atelier, poème burlesco-comico-tragique en 7 chants. *Paris, Barraud*, 1870. — NADAR. Les Dicts et faicts du chier cyre Gambette le Hutin en sa court. *Paris*, 1881-1882. — NADAR. La Passion illustrée, sinon illustre de N. S. Gambetta..... *Paris, s. d.* — SATIN (Mme de Molènes). Le Culte. Dessins de Mesplès. *Paris, Rouveyre*, 1882. — VADÉ. La Pipe cassée, poème épitragipoissardiheroicomique. *Paris, Leclère*, 1866. — VOYAGE de trois turcs de qualité, histoire mêlée de vrai et de faux comme le sont presque toutes celles qu'on lit. *A Folichonopolis*, 1867.

988. **OUVRAGES TIRÉS A PETIT NOMBRE** : 20 plaquettes in-8 et in-12, dont 4 reliées et cartonnées, les autres brochées.

ARÉTIN. Sept petites nouvelles concernant le jeu et les joueurs. *Gay*, 1861. — BANQUET (Le) du boys. *S. l. n. d.* — CHAPEAUX (Les) de Castor. Un paragraphe de leur histoire. *Jouaust*, 1867. — CORROZET (Gilles). Les Blasons domestiques. *Soc. des Bibliophiles françois*, 1865. — LETTRES trouvées. Pages historiques sur un épisode de la vie de Diodati. *Genève*, 1864. — EMPIRIQUE (L'), pamphlet historique, 1624. *Jouaust*, 1867. — FAICTZ MERVEILLEUX (Les) de Virgille. *Gay*, 1867. — HISTOIRE miraculeuse et admirable de la comtesse de Hornoc, étranglée par le diable dans la ville d'Angers. *Gand*, 1856. — LACAN. Un Réveillon à l'hôtel Carnavalet en 1677. *Aubry*, 1868. — LE FAULT. Petit traité contre l'abominable vice de paillardise et adultère..... *Lille*, 1868. — SAUVAGE (J.). Mémoire du voyage en Russie, fait en 1586, suivi de l'expédition de Fr. Drake en Amérique. *Aubry*, 1585. — LOIX (Les) de la galanterie (1644). *Aubry*, 1855. — MARGUERITE DE VALOIS La Ruelle mal assortie, ou entretiens amoureux d'une dame éloquente avec un cavalier gascon. *Aubry*, 1855. — MIRACLE arrivé dans la ville de Genève d'une femme qui a faict un veau..... *Angoulême*, 1858. — NAUDÉ (Gabriel). Le Marfore, avec notice par Charles Asselineau. *Paris*, 1868. — PLAISANT CONTRACT de mariage passé nouvellement à Aubervilliers le 35 février 1333. *Techener*, 1833. — RENOUVIER (J.). Jehan de Paris, valet de chambre des rois Charles VIII et Louis XII. *Aubry*, 1861. — SEMONCE (La) faicte à Paris des cocquus en may v^e xxxv. *Jouaust*, 1866. — SENSUIT le sermon des Frappe culz nouveau et fort joyeulx. *S. l. n. d.* — VIREY. L'Enlèvement innocent ou la retraite clandestine de Mgr le prince avec madame la princesse sa femme, hors de France, 1609-1610. *Aubry*, 1869.

989. **PARADIN (Guillaume). Cronique de Savoye** par maistre Guillaume Paradin, chanoyne de Beauieu. *A Lyon, par Jean de Tournes et Guil. Gazeau*, 1552, gr. in-8, broché.

Réimpression faite à Genève chez Jules Guillaume Fick, en 1874, par les soins de Gustave Révilliod et Edouard Fick.

990. PARIS (Ouvrages relatifs à). 12 vol. in-8, in-12 et in-16, brochés.

    BONNARDOT (Hippolyte). Monographie du VIIIe arrondissement de Paris. *Quantin*, 1880. — DU SEIGNEUR (M.). Paris, voici Paris. Illustrations par H. Gerbault. *Bourloton*, 1889. — DARZENS (R.). Nuits à Paris, illustrées de 100 croquis. *Dentu*, 1889. — FAVRE (Louis). Le Luxembourg, 1300-1882. Récits et confidences sur un vieux palais. *Ollendorff*, 1882. — FOURNIER (Edouard). Paris démoli. *Dentu*, 1882. — JANIN (Jules). La Muette, 12 juin 1871. *Jouaust*, 1871. — HEILLY (G. d'). Extraction des cercueils royaux à Saint-Denis en 1793. Relation authentique. *Jouaust*, 1866. — JULLIEN (Ad.). Paris dilettante au commencement du siècle, orné de 36 gravures sur bois. *F. Didot*, 1884. — MONSELET (Ch.). Le Musée secret de Paris. *Lévy, s. d.* — NEEL et LOTTIN. Voyage de Paris à Saint-Cloud par mer et retour de Saint-Cloud à Paris par terre. *Duchesne*, 1854. — POMMIER (Amédée). Paris, poème humoristique. *Garnier frères*, 1867. — VERDOT. L'Hôtel de Carnavalet, notice historique. *Aubry*, 1865.

991. PASCAL (Blaise). Les Pensées, texte revu sur le manuscrit autographe, avec une préface et des notes par Auguste Molinier. *Paris, A. Lemerre,* 1877-1879, 2 vol. pet. in-8, brochés.

992. PIERRUGES (P). Glossarium eroticum linguae latinae, sive theogoniae, legum et morum nuptialium apud Romanos explanatio nova ex interpretatione propria et impropria et differentiis in significatu fere duorum millium sermonum..... *Parisiis, apud Aug. Fr. et Pr. Dondey-Dupré,* 1826, in-8, demi-rel. bas. fauve, tr. jasp.

993. PLATTER (Félix et Thomas) à Montpellier, 1552-1559-1595-1599. Notes de voyages de deux étudiants bâlois, publiées d'après les manuscrits originaux appartenant à la bibliothèque de l'Université de Bâle, avec deux portraits. *Montpellier, chez Camille Coulet,* 1892, in-8, broché.

    Publication de la Société des Bibliophiles de Montpellier, tirée en tout à 190 exemplaires sur papier de Hollande.
    Traduction de M. Kieffer ; notes de M. Gaudin.

994. POÉSIES : 12 vol. et plaquettes in-8 et in-12, dont 4, demi-rel. chagrin rouge, citron et brun ; les autres brochés.

    BOULMIER (Joseph). Villanelles, suivies de poésies en langage du XVe siècle. *Paris, Liseux,* 1878. — GRISEZ-DROZ (Jules). Nouveaux sonnets, l'orgueil du drapeau, le poème de l'exil, amoureuses confidences. *Paris,* 1899-1902, 4 plaquettes. — HUBERT (Alfred). In Memoriam, 1831-1908. *Paris,* 1909. — MALLARMÉ (Stéphane). L'Après-midi d'un faune. *Paris,* 1887. — PARNASSICULET contemporain. Recueil de vers nouveaux, précédé de l'Hôtel du Dragon bleu. *Paris,* 1867. — QUILLARD (Pierre). La Gloire du Verbe, 1885-1890. *Paris,* 1890. — SAINT-GERMAIN (J.-T. de). Les Roses de Noël, dernières fleurs. *Paris, Tardieu,* 1860 (PAPIER BLEU). — SOULARY (Joséphin). Sonnets humouristiques. *Lyon, Scheu-*

— 82 —

ring, 1859. — Viteau (Paul). Confession d'une toute jeune femme et fantaisies anodines. *Paris, Jouaust*, 1881.

995. **POÉSIES DU XIXe SIÈCLE** illlustrées, 4 vol. et plaquettes in-8 et in-12, brochés.

    Frœlich (Jules). Strosburger Holzhauerfawle mit Titelkupfer un zwanzig Bildle fum Joseph Lindebluest. *Nancy*, 1885. — Lalanne (A.). Le Billard, avec eaux-fortes par Maxime Lalanne. *Paris, Aubry*, 1866. — Lemoyne (André). Les Charmeuses. Eaux-fortes de L.-G. de Bellée, Feyen-Perrin et Ed. Leconte. *Paris, F. Didot frères*, s. d. — Ose-trop-Goth (L. Hoche). Toquémalade, parodie, méli-mélo-drame à tics medicinaux. *Paris*, s. d. (1882).

996. **PUBLICATIONS DE J.-G. FICK, DE GENÈVE.** 8 vol. in-4, in-8 et in-12, brochés.

    Bèze (Th. de). Abraham sacrifiant, tragédie françoise, 1874. — Dingelstedt (Fr.). Jean Gutenberg, premier maitre imprimeur ; ses faits et discours les plus dignes d'admiration et sa mort, 1858. — Histoire véritable et digne de mémoire de quatre jacopins de Berne, hérétiques et sorciers, qui y furent brulez,.... 1867. — Fick (Edouard). Bourkard Zink et sa chronique d'Augsbourg, 1868. — Palissy (Bernard). Discours admirable de l'art de terre, de son utilité, des esmaux et du feu, 1863. — Platter (Thomas). Ses mémoires et sa vie, 1862-1866, 2 vol. — Savyon. Annales de la cité de Genève, 1858. — Waldheim (J. de) et Bonstetten (Albert de). Deux visites à Nicolas de Flue, 1864.
    Tous ces ouvrages sont imprimés sur papier de Hollande.
    Deux volumes sont cartonnés.

997. **PUBLICATIONS JOUAUST**, 13 vol. in-8 et in-12, brochés.

    Baudement (Th.). Les Rabelais de Huet, 1867. — Beaumarchais. Clavijo, 1880. — Chtchédrine. Trois contes russes, 1881. — Huré (Alex.). Marguerite, 1882. — Janin (Jules). Deburau, 1881. — Jaybert. Brindilles rabelaisiennes, 1884. — La Boëtie. La Servitude volontaire ou le contr'un, 1872. — Lacroix (C.). Les deux testaments de Villon, 1866. — Perrault (Ch.). L'Oublieux, petite comédie en trois actes, 1868. — Pogge. Les Bains de Bade, 1868. — Robespierre. Eloge de Gresset, 1868. — Uzanne. La Guirlande de Julie, 1875. — Vasse (Emm.). Le Légat de la vache à Colas de Sedege, 1868.

998. **PUBLICATIONS DE LA LIBRAIRIE KISTEMAECKERS**, de Bruxelles, 11 vol. in-12 et in-18, brochés.

    Descaves (Lucien). Le Calvaire d'Héloïse Pajadou, avec 3 eaux-fortes par Courtry, Le Rat et Milius, 1883. — Euphrasie, ou les grâces philosophes, conte galant, 1880. — France (Hector). Le Roman du curé, eau-forte de Henry Maboux. S. d. — Hennique (Léon). Benjamin Rozes. Nouvelle naturaliste. Illust. de Am. Lynen. — Hugo (Victor). Le Christ au Vatican, avec une eau-forte, 1880. — Joyeusetés (Les) d'un pélerinage à Lourdes (aller et retour) racontées par une brebis galeuse, 11 dessins de H. Bodart, 1879. — La Marre (abbé). Les Quarts d'heure d'un joyeux solitaire, 1882. — Laumann (Sutter). Les Meurt-de-faim, poésies, 3 eaux-fortes d'Henry Mabboux, 1880. — Livre d'heures, satyrique et libertin du xixe siècle. S. d. — Meusnier de

Querlon. Les Soupers de Daphné, 1883. — Solvay (Lucien). Au pays des orangers, illustrations de F. Stroobant et de C. Dell' acqua, 1882.

999. **PUBLICATIONS LISEUX.** 6 vol. in-12 et in-16, brochés.

Heures perdues (Les) d'un cavalier françois, 1881. — Pogge. Un vieillard doit-il se marier, dialogue, 1877. — Sinistrari. De la Sodomie, et particulièrement de la sodomie des femmes distinguée du tribadisme, 1883. — Tariffa delle puttane di Venegia (XVIe siècle), 1883. — Il Manganello. La Zaffeta, 1860, 2 vol.

1000. **PYRÉNÉES** (Ouvrages relatifs aux). 4 vol. in-8, brochés.

De Tarbes a travers les Pyrénées centrales, par un groupe d'excursionnistes bigourdans. *Tarbes*, 1893. — Lambron (Dr E.). Les Pyrénées et les eaux thermales sulfurées de Bagnères-de-Luchon. *Paris, Chaix*, 1863, 2 vol., cartes et plans. — Thiers (A.). Les Pyrénées et le Midi de la France pendant les mois de novembre et décembre 1822. *Paris, Chasles*, 1877.

1001. **RÉIMPRESSIONS DE PIÈCES RARES OU INÉDITES** publiées par Jouaust : 11 vol. et plaquettes in-12, brochés.

Argenson (René d'). Notes intéressantes pour l'histoire des mœurs et de la police de Paris à la fin du règne de Louis XIV, 1866. — Audiger. Mémoires d'Audiger, limonadier à Paris. XVIIe siècle, 1869. — Brancas (Duchesse de). Mémoires, fragment historique sur Louis XV et Madame de Chateauroux, sa maîtresse, 1865. — Boubier (Jean). Souvenirs. Description naïve et sensible de la fameuse église Sainte-Cécile d'Albi, 1867. — Lettres inédites de L.-P. d'Hozier et de J. Du Castre d'Auvigny sur l'armorial et l'hôtel royal du dépôt de la noblesse, 1869. — Princesse de Guéménée (La), dans le bain et le duc de Choiseul, 1867. — Lepage (Aug.). Ligier Richier, 1868. — Noms des curieux de Paris, avec leur demeure et la qualité de leur curiosité, 1673. 1866. — Saint-Bernard. Traité de l'amour de Dieu, 1867. — Saint-Evremond. Conversation du maréchal d'Hoquincourt avec le père Canaye, 1865.

1002. **RENARD** (Jules). Sourires pincés. *Paris, Ollendorff*, 1892. — Bucoliques. *Ibid., id.*, 1905. — La Lanterne sourde. Coquecigrues. *Ibid., id.*, 1906. — Poil de carotte, avec 50 dessins de F. Vallotton. *Paris, Flammarion, s. d.* — Mots d'écrit. *Nevers*, 1908. — Ens. 5 vol. in-12, brochés.

1003. **RÉVOLUTION ET A L'EMPIRE** (Ouvrages relatifs à la), 13 vol. et brochures in-8 et in-12, brochés.

Coigny (Aimée de). Mémoires. Introduction et notes par Et. Lamy. *Calmann-Lévy, s. d.* — Cussy (Chevalier de). Souvenirs. 1795-1866, publiés par le Cte M. de Germiny. *Plon-Nourrit et Cie*, 1909, 2 vol. — Frénilly (Baron de). Souvenirs (1768-1828), publiés par Arthur Chuquet. *Id.*, 1908. — Gonneville (Le Colonel de). Souvenirs militaires, publiés par la comtesse de Mirabeau, sa fille. *Perrin et Cie*, 1895. — Gruyer (Paul). Napoléon, roi de l'île d'Elbe. Ouvrage contenant 24 gravures hors texte. *Hachette et Cie*, 1906. (Ce volume est cartonné.)

— 84 —

— LALLEMAND (Aug.). Les Drapeaux des Invalides. *Aubry*, 1864. — PLANAT DE LA FAYE. Correspondance intime. *Ollendorff*, 1895. — REINACH-FOUSSEMAGNE (C^{sse} de). La Marquise de Lage de Volude (1764-1842), d'après des documents inédits. *Perrin et Cie*, 1908. — ROCCA (de). Mémoires sur la guerre des français en Espagne. *Paris*, 1886. — SCHELCHER (A.). La Route de Louis XVI de Paris à Varennes à un siècle de distance. *Versailles*, 1904. — STERN (Daniel). Mes Souvenirs. 1806-1833. *Calmann-Levy*, 1877. — THIERRY (G.-Aug.). Le Capitaine Sans-Façon. Illust. de Gaucherel, Normand, Régamey. *Charavay*, 1882.

1004. RIEMANN (Hugo). Dictionnaire de musique. Traduit d'après la quatrième édition, revu et augmenté par Georges Humbert. *Paris, Perrin*, 1899, in-8, chag. vert, tête rouge.

1005. ROUEN (Ouvrages relatifs à la ville de). 11 vol. et plaquettes in-4 et in-8, dont 1 relié, les autres brochés.

GLATIGNY (A.). Rouen. 1431-1870 (poésie). *Lemerre*, 1871. — LA QUÉRIÈRE (E. de). Description historique, archéologique et artistique de l'église paroissiale de Saint-Vincent de Rouen. *Rouen*, 1844. — LA QUÉRIÈRE (E. de). Saint-André-de-la Ville, église paroissiale de Rouen, supprimée en 1791. *Rouen*, 1862. — LA QUÉRIÈRE (E. de). Notice historique et description sur l'ancien hôtel de ville, le beffroi et la grosse horloge de Rouen. *Rouen*, 1864. — LA QUÉRIÈRE (E. de). Notice sur l'ancienne église collégiale du Saint-Sépulcre de Rouen, dite la chapelle Saint-Georges, supprimée en 1791. *Rouen*, 1861. — FOUILLES à Saint-Ouen de Rouen. 1885 (extrait). — NOTICE sur le chateau d'Arques. *Rouen*, 1862. — MARCHAND. Petit guide illustré de la cathédrale de Rouen. *Dieppe*, 1905. — NICOLLE (E.). Le Prieuré de Bonne-Nouvelle. *Rouen*, 1885. — PLATTER (Thomas). Voyage à Rouen (août 1599). *Montpellier*, 1890. — PUISEUX (L.). Siège et prise de Rouen par les Anglais (1419). *Caen*, 1867.

1006. SAINT-SIMON. Mémoires complets et authentiques du duc de Saint-Simon sur le siècle de Louis XIV et la Régence, collationnés sur le manuscrit original par M. Chéruel, et précédés d'une notice par M. Sainte-Beuve. *Paris, Hachette et Cie*, 1856-1858, 20 vol. in-8, demi-rel. chagrin rouge, tr. jasp.

1007. SCHÉHÉRAZADE, album mensuel d'œuvres inédites d'art et de littérature : de l'origine 10 novembre 1909 au 15 septembre 1910, 5 fascicules pet. in-4, brochés.

On y joint : *Conversation avec la gloire*, pièce en vers par Maurice Rostand.
Numéros 1 à 5 parus à des dates irrégulières.

1008. TAINE (H.). Les Origines de la France contemporaine. *Paris, Hachette et Cie*, 1876-1885, 4 vol. in-8, brochés.

Révolution, 3 vol. — Ancien régime, 1 vol.

1009. TALLEMANT DES RÉAUX. Les Historiettes. Troisième

édition entièrement revue sur le manuscrit original, disposée dans un nouvel ordre et précédée d'une notice historique et littéraire sur l'auteur par MM. de Monmerqué et Paulin Paris. *Paris, J. Techener*, 1862, 6 vol. in-12, brochés.

1010. THÉATRE (Ouvrages relatifs au). 7 vol. in-8 et in-12, brochés.

> Coquelin (C.). L'Art et le comédien. *Paris, Ollendorff*, 1880. — Deuxième centenaire de la fondation de la Comédie française. *Paris, Jouaust*, 1880. — Dieulafoy (J. et M.). Le Théâtre dans l'intimité. *Paris, Ollendorff*, 1900. — Heulhard (A.). Jean Monnet. Vie et aventures d'un entrepreneur de spectacles au xviiie siècle. *Paris, Lemerre*, 1884. — Monselet (Ch.). Acteurs et actrices. *Paris, Le Chevalier*, 1867. — Rueda (Lope de). La Comédie espagnole, *Paris, Michaud*, 1883. — Théatre libre (Le). *Paris*, 1890.

1011. TINAN (Jean de). Un Document sur l'impuissance d'aimer. *Paris*, 1894, in-12, pap. de Holl., broché.

> Édition originale, ornée d'un frontispice de F. Rops. Tiré à 300 exemplaires (n° 180).

1012. VALLERY-RADOT (Ouvrages de et relatifs à). 13 vol. et plaquettes, in-4, in-8 et in-12, dont 1 demi-rel. mar. brun et 12 brochés.

> Journal d'un volontaire d'un an. Dessins par R. Philippoteaux. *Paris, Hetzel et Cie*, s. d. — Même ouvrage, édition in-12. — L'Etudiant d'aujourd'hui. *Paris, Hetzel et Cie*, s. d. — L'Esprit militaire en France depuis cent ans, les parfaits secrétaires, vues de Constantinople depuis Chateaubriand jusqu'à Loti, Discours prononcés aux distributions de prix des collèges Pasteur et d'Avallon, sentiments de famille, 6 plaquettes. — Allocution du père H. Didon au mariage de M. Vallery-Radot avec Mlle Pasteur, in-4. — Poésies de Emile Guiard. Avec une notice de R. Vallery-Radot, 1899 (papier de Hollande). — Vie de Planat de La Faye. Introd. de Vallery-Radot. *Paris, Ollendorff*, 1895. — Vallery-Radot. Souvenirs littéraires, publiés par René Vallery-Radot. *Paris*, 1877.

1013. VILLIERS DE L'ISLE-ADAM (A. de). Nouveaux contes cruels. *Paris, Librairie illustrée*, s. d. (1888), in-16. — Chez les passants (fantaisies, pamphlets et souvenirs). Frontispice de Félicien Rops. *Paris*, 1890, in-12. — Ens. 2 vol. brochés.

> Éditions originales.

1014. VITET (Ludovic). Les Barricades, scènes historiques. Mai 1588. Seconde édition. *Paris, Brière*, 1826. — Les Etats de Blois, ou la mort de MM. de Guise, scènes historiques, décembre 1588. Troisième édition, revue et augmentée. *Paris, Fournier jeune*, 1829. — La Mort de Henri III, août 1589, scènes historiques, faisant suite aux Barricades et aux Etats de Blois.

Deuxième édition. *Ibid., id.*, 1829. — Ens. 3 vol, in-8, dos et coins veau fauve, tr. marb. (*Rel. de l'époque*).

1015. ANNALES LITTÉRAIRES des bibliophiles contemporains. Recueil de l'Académie des beaux livres, pour les années 1890 à 1893. *A Paris, Imp. pour les sociétaires de l'Académie des beaux-livres*, 1890-1894, 4 vol. in-8, brochés.

<small>On y joint : ANNALES administratives des bibliophiles contemporains. Premier exercice, 1889-1890. *Paris*, 1891, in-8, et les Statuts et règlement des « Bibliophiles contemporains ».</small>

1016. ASSELINEAU (Charles). Mélanges tirés d'une petite Bibliothèque romantique. Bibliographie anecdotique et pittoresque des éditions originales des œuvres de Victor-Hugo, Alex. Dumas, Th. Gautier, Petrus Borel, A. de Vigny, Mérimée, etc. etc., illustrés d'un frontispice à l'eau-forte de Célestin Nanteuil et de vers de MM. Théodore de Banville et Charles Baudelaire. *Paris, chez René Pincebourde*, 1866, in-8, broché.

<small>Un des 15 exemplaires (n° 15) imprimés sur PAPIER CHAMOIS, contenant le frontispice en trois états : en noir, en bistre, et en sanguine.</small>

1017. BÉGIS (Alfred). L'Enfer de la Bibliothèque nationale. Revendication par M. Alfred Bégis de livres saisis à son domicile et déposés à la Bibliothèque impériale en 1866. Débats judiciaires. *Paris, imprimé pour les amis des livres*, 1899, in-8, portrait, broché.

<small>PAPIER DE HOLLANDE.</small>

1018. BÉRALDI (Henri). 1865-1885. Bibliothèque d'un bibliophile. *Lille, Imp. L. Danel*, 1885, pet. in-8, broché.

<small>Catalogue anecdotique de la première collection de M. Eugène Paillet, tiré à 200 exemplaires sur papier de Hollande.
On y joint : VICAIRE (Georges). La Bibliothèque d'Eugène Paillet. *Paris, Éd. Pelletan*, 1899, in-8, broché.</small>

1019. BIBLIOGRAPHIE : 4 vol. in-8 et in-12, brochés.

<small>BOLLIOUD-MERMET. De la Bibliomanie. *A La Haye*, 1761 (*Paris, Jouaust*, 1865). — Même ouvrage. 2ᵉ édition de la réimpression, *Paris, Jouaust*, 1866. — CONNAISSANCES nécessaires à un bibliophile. Seconde édition revue et augmentée. *Paris, Rouveyre*, 1878. — LE PETIT (Jules). L'art d'aimer les livres et de les connaître, lettres à un jeune bibliophile. Eaux-fortes d'Alfred Gérardin. *Paris*, 1884.</small>

1020. BIBLIOGRAPHIE : 6 vol. et plaquettes in-8 et in-12 dont 1 demi-rel. veau fauve et 5 brochés.

<small>BRISART-BINET. Cazin, sa vie et ses éditions. *Cazinopolis (Reims)*, 1863. — CATALOGUE du cercle de la librairie. *Paris*, 1873. — HEILLY</small>

(Georges d'). Dictionnaire des pseudonymes. *Rouquette*, 1868. — Jannet (P.). Payen et Veinant. Bibliotheca scatologica, ou catalogue raisonné des livres traitant des vertus faits et gestes de très noble et très ingénieux messire Luc (à rebours). *Scatopolis* 5850 (1850). — Poulet-Malassis. Bibliographie raisonnée et anecdotique des livres édités par Aug. Poulet-Malassis (1853-1862). *Rouquette*, 1885. — Savigny de Moncorps (Vte). Les Almanachs de modes de 1814 à 1830. *Techener*, 1897.

1021. BIBLIOGRAPHIE (Plaquettes relatives à la). 10 plaquettes in-4, in-8 et in-12.

Cléry (Léon). Eugène Paillet. *Nancy*, 1903. — Durrieu (Cte Paul). La question des œuvres de jeunesse de Jean Fouquet. *Paris*, 1904. — Grondard (Ch.). Le livre exceptionnel et les tirages à part. *Impr. pour les Amis des livres*, 1900. — Jubilé de M. Léopold Delisle. Réunion de 8 mars 1903. Discours et adresses. *Imp. Nationale*, 1903. — Pingrenon (Renée). La Bibliothèque de M. Le Docteur Cornil. *Durel*, 1905. — Pelletan (Ed.). Le Livre. Deuxième lettre aux bibliophiles. *Pelletan, s. d.*, 2 vol. — Vicaire (Georges). Eugène Paillet. *Leclerc*, 1901. — S'ensuit le catalogue d'un marchand libraire du xve siècle, tenant boutique à Tours. *Jouaust*, 1868. — Tourneux (Maurice). Prosper Mérimée, sa bibliographie. *Baur*, 1876.

1022 BOUCHOT (Henri). Les livres à vignettes du xixe siècle, 2 vol. — De la Reliure. Exemples à imiter ou à rejeter. — Les ex-libris et les marques de possession du livre. — Des livres modernes qu'il convient d'acquérir. *Paris, Ed. Rouveyre*, 1891. — Ens. 5 vol. in-12, figures et reproductions, brochés.

Exemplaires imprimés sur papier de Chine ; il en a été tiré 20 sur ce papier.

1023. BRIVOIS (Jules). Bibliographie des ouvrages illustrés du xixe siècle, principalement des livres à gravures sur bois. *Paris, L. Conquet*, 1883, in-8, dos et coins chag. bleu, non rogné (*Couvert.*).

Quelques annotations manuscrites.

1024. BRIVOIS (Jules). Essai de bibliographie des œuvres d'Alphonse Daudet, avec fragments inédits. *Paris, L. Conquet*, 1895, pet. in-8, papier vergé, broché.

Tiré à 220 exemplaires (n° 45).

1025. BRUNET (Jacques-Charles). Manuel du Libraire et de l'amateur de livres... Cinquième édition originale entièrement refondue et augmentée d'un tiers par l'auteur. *Paris, Firmin Didot frères*, 1860-1865, 6 vol. — Supplément par MM. P. Deschamps et G. Brunet. *Ibid., id.*, 1878-1880, 2 vol. — Ens. 8 vol. in-8, demi-rel. mar. bleu, ébarbés.

Les deux volumes de supplément sont brochés.
On y a joint le *Dictionnaire de Géographie* (Par P. Deschamps). Paris, Didot, 1870, in-8, demi-rel. chag. noir.

1026. CATALOGUES de ventes de livres modernes. 7 vol. et 2 albums de reproductions, in-4 et gr. in-8, brochés.

> Catalogues des bibliothèques de MM. Henry Couderc de Saint-Chamant, 1 vol. et album. — De La Croix-Laval, 1 vol. et album. — A. Bélinac, 2 vol. — Charles Meunier, 1 vol. illustré. — L. Conquet, 1 vol. — Biographie de Léon Conquet, 1 vol.

1027. CATALOGUES de ventes de livres. 10 vol. in-8, brochés.

> Catalogue Destailleur 1891. — La Roche Lacarelle. — Des Goncourt, 3 vol. — Thevenin, 1 vol. — Guyot de Villeneuve, 2 vol. — Eugène Paillet, 2 vol.

1028. COHEN (Henry). Guide de l'amateur de livres à vignettes (et à figures) du xviiie siècle. Quatrième édition revue, corrigée et enrichie de près du double d'articles, de toutes les additions de M. Charles Mehl, et donnant le texte de la deuxième édition intégralement rétabli par Henry Cohen. *Paris, Rouquette*, 1880, in-8, dos et coins mar. bleu, non rogné.

> On y joint : CROTTET (E.). Supplément à la 5e édition du Guide de l'amateur de livres à figures du xviiie siècle. *Amsterdam*, 1890, gr. in-8, broché.

1029. DEROME (L.). Causeries d'un ami des livres. Les éditions originales des romantiques. *Paris, Édouard Rouveyre, s. d.*, (1887). 2 vol. in-8, dos et coins chag. vert, non rognés (*Couvert. illust.*)

1030. DRUJON (Fernand). Catalogue des ouvrages, écrits et dessins de toute nature poursuivis, supprimés ou condamnés, depuis le 21 octobre 1814, jusqu'au 31 juillet 1877. Edition nouvelle considérablement augmentée. *Paris, Rouveyre*, 1879, in-8, broché.

1031. LACOMBE (Paul). Bibliographie des travaux de M. Léopold Delisle. *Paris, Imp. nationale*, 1902, in-8, portrait, broché.

1032. LIVRE MODERNE (Le). Revue du monde littéraire et des bibliophiles contemporains, publié par Octave Uzanne. *Paris*, 1890-1892, 7 vol., dont 1 de table, in-8, en livraisons.

> Collection complète.
> L'année 1892 porte le titre de *l'Art et l'idée*.

1033. RÉPERTOIRE MÉTHODIQUE de la librairie Damascène Morgand et Fatout. *Paris*, 1878-1893, 4 vol. — BULLETIN mensuel de la librairie Morgand et Fatout. *Paris*, 1876-1904, 1 vol. et 50 fascicules in-8, brochés (les n°s 38 et 58 manquent.)

> On y joint : le catalogue de la collection Rouard, et celui de la collection de l'abbé Bossuet, ouvrages relatifs à Paris.

1034. SOCIÉTÉ DES AMIS DES LIVRES. Annuaire de 1891 à 1910 inclus (moins l'année 1899). *Paris, Imp. pour les Amis des livres*, 1891-1910, 19 vol. in-8 et in-12, brochés.

<blockquote>On y joint : LES CENT BIBLIOPHILES, Annuaire : de 1900 à 1910 inclus. *Paris*, 1910-1911, 11 vol. in-8, brochés, les comptes rendus des années 1896 à 1899 et les statuts et règlements de la Société, 3 vol.</blockquote>

1035. TOURNEUX (Maurice). Prosper Mérimée. Sa bibliographie ornée d'un portrait gravé à l'eau-forte par F. Régamey. *Paris, Baur*, 1876. — Prosper Mérimée, ses portraits, ses dessins, sa bibliothèque. Etude. *Paris, Charavay frères*, 1879. — Ens. 1 plaquette in-8 et 1 vol. in-12, brochés.

1036. VICAIRE (Georges). Manuel de l'amateur de livres du XIXe siècle, 1801-1893. Préface de Maurice Tourneux. *Paris, A. Rouquette*, 1894-1910, 7 vol. in-8, en livraisons.

<blockquote>Tout ce qui a paru.</blockquote>

ORDRE DES VACATIONS

Première vacation. — Vendredi 27 Octobre 1911.

Nos 539 à 788

Deuxième vacation. — Samedi 28 Octobre 1911

Nos 789 à 1036

livres en lots.

CHARTRES. — IMPRIMERIE DURAND, RUE FULBERT.

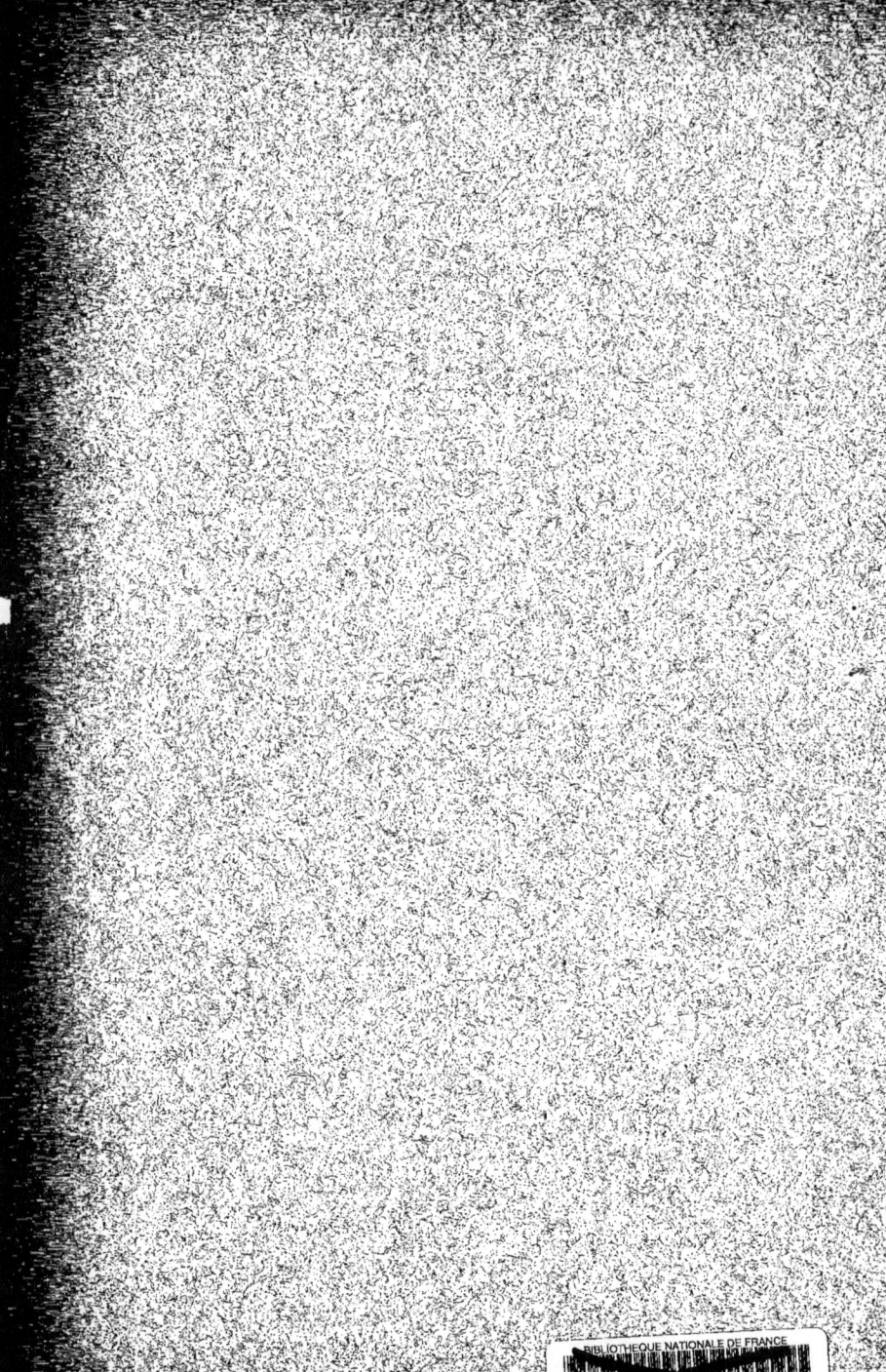

www.ingramcontent.com/pod-product-compliance
Lightning Source LLC
LaVergne TN
LVHW050632090426
835512LV00007B/812